本書の特色と使い方

教科書の学習進度にあわせて，授業・宿題・予習・復習などに使えます

教科書のほぼすべての単元を掲載しています。今，学習している内容にあわせて授業用プリントとして
お使いいただけます。また，宿題や予習や復習用プリントとしてもお使いいただけます。

本書をコピー・印刷して教科書の内容をくりかえし練習できます

計算問題などは型分けした問題をしっかり学習したあと，いろいろな型を混合して出題しているので，
学校での学習をくりかえし練習できます。
学校の先生方はコピーや印刷をして使えます。

「ふりかえり・たしかめ」や「まとめのテスト」で学習の定着をみることができます

「練習のページ」が終わったあと，「ふりかえり・たしかめ」や「まとめのテスト」をやってみましょう。
「ふりかえり・たしかめ」で，できなかったところは，もう一度「練習のページ」を復習しましょう。
「まとめのテスト」で，力だめしをしましょう。

「解答例」を参考に指導することができます

本書 p 90 ～「解答例」を掲載しております。まず，指導される方が問題を解き，本書の解答例も参考に
解答を作成してください。
児童の多様な解き方や考え方に沿って答え合わせをお願いいたします。

5年 ② 目　次

● $\dfrac{2}{3} - \dfrac{1}{2}$ の計算方法を考えましょう。

① （　）にあてはまることばを書きましょう。

（　　　　　　）がちがうから，このままではひき算はできない。

$\dfrac{2}{3}$, $\dfrac{1}{2}$ と大きさが等しくて，（　　　　　　）が同じになる分数を，

それぞれ見つければできる。

② 数直線で，分母が同じになる分数を見つけて，計算しましょう。
　□にあてはまる数を書きましょう。

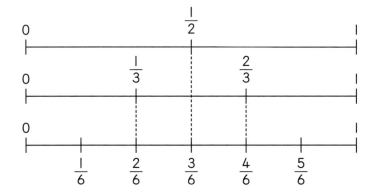

$\dfrac{2}{3} = \dfrac{\square}{6}$　　　　$\dfrac{1}{2} = \dfrac{\square}{6}$

$\dfrac{2}{3} - \dfrac{1}{2} = \dfrac{\square}{6} - \dfrac{\square}{6} = \dfrac{\square}{\square}$

● 次の分数と，等しい分数をつくりましょう。

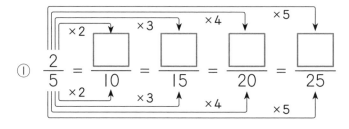

① $\dfrac{2}{5} = \dfrac{\square}{10} = \dfrac{\square}{15} = \dfrac{\square}{20} = \dfrac{\square}{25}$

（×2，×3，×4，×5）

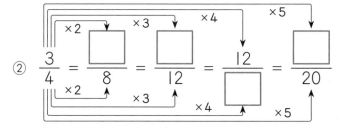

② $\dfrac{3}{4} = \dfrac{\square}{8} = \dfrac{\square}{12} = \dfrac{12}{\square} = \dfrac{\square}{20}$

（×2，×3，×4，×5）

③ $\dfrac{2}{3} = \dfrac{4}{\square} = \dfrac{6}{\square} = \dfrac{\square}{12} = \dfrac{10}{\square}$

④ $\dfrac{7}{3} = \dfrac{\square}{6} = \dfrac{21}{\square} = \dfrac{\square}{12} = \dfrac{35}{\square}$

⑤ $\dfrac{10}{25} = \dfrac{\square}{5}$　（÷5）

⑥ $\dfrac{9}{12} = \dfrac{\square}{4}$　（÷3）

⑦ $\dfrac{15}{20} = \dfrac{3}{\square}$

⑧ $\dfrac{8}{12} = \dfrac{\square}{3}$

1 $\frac{3}{4}$ L のジュースと，$\frac{2}{5}$ L のジュースがあります。
　 ちがいは何 L ですか。

① 式を書きましょう。　　（　　　　　　　　　　　）

② 4と5の（最小）公倍数を書きましょう。　（　　　　　）

③ ②で見つけた数を，共通の分母にした分数をつくりましょう。

　 $\frac{3}{4} = \frac{\square}{20}$　　　　$\frac{2}{5} = \frac{\square}{\square}$

④ 共通な分母の分数で，計算しましょう。

　 $\frac{3}{4} - \frac{2}{5} = \frac{15}{\square} - \frac{8}{\square} = \frac{\square}{\square}$

2 （　）の中の分数を通分しましょう。

① $\left(\frac{1}{2} , \frac{1}{3} \right)$　　　　② $\left(\frac{2}{3} , \frac{3}{4} \right)$

　 （　　，　　）　　　　　　（　　，　　）

1 （　）の中の分数を通分しましょう。

① $\left(\frac{1}{2} , \frac{2}{3} \right)$　　　　② $\left(\frac{1}{4} , \frac{1}{3} \right)$

　 （　　，　　）　　　　　　（　　，　　）

③ $\left(\frac{5}{6} , \frac{7}{12} \right)$　　　　④ $\left(\frac{2}{3} , \frac{5}{6} \right)$

　 （　　，　　）　　　　　　（　　，　　）

⑤ $\left(1\frac{1}{2} , 1\frac{3}{4} \right)$　　　　⑥ $\left(1\frac{4}{15} , 2\frac{9}{10} \right)$

　 （　　，　　）　　　　　　（　　，　　）

⑦ $\left(\frac{2}{3} , \frac{1}{4} , \frac{3}{8} \right)$　　⑧ $\left(\frac{1}{2} , \frac{3}{4} , \frac{2}{5} \right)$

　 （　　，　　，　　）　　　（　　，　　，　　）

2 次の分数を通分して大小を比べ，□ にあてはまる等号や不等号を書きましょう。

① $\left(\frac{7}{12} \square \frac{5}{6} \right)$　　　② $\left(\frac{10}{7} \square \frac{28}{21} \right)$

③ $\left(\frac{8}{14} \square \frac{12}{21} \right)$　　　④ $\left(\frac{9}{11} \square \frac{7}{9} \right)$

1 通分して，たし算をしましょう。

① $\dfrac{1}{2} + \dfrac{2}{3} = \dfrac{\Box}{\Box} + \dfrac{\Box}{\Box} = \dfrac{\Box}{\Box}\left(\dfrac{\Box\ \Box}{\Box} \right)$

② $\dfrac{2}{5} + \dfrac{2}{3} = \dfrac{\Box}{\Box} + \dfrac{\Box}{\Box} = \dfrac{\Box}{\Box}\left(\dfrac{\Box\ \Box}{\Box} \right)$

③ $\dfrac{1}{3} + \dfrac{3}{4}$

④ $\dfrac{2}{7} + \dfrac{1}{2}$

⑤ $\dfrac{6}{5} + \dfrac{5}{4}$

⑥ $\dfrac{7}{8} + \dfrac{6}{5}$

2 通分して，ひき算をしましょう。

① $\dfrac{6}{7} - \dfrac{2}{3}$

② $\dfrac{4}{5} - \dfrac{1}{3}$

③ $\dfrac{13}{15} - \dfrac{1}{3}$

④ $\dfrac{2}{3} - \dfrac{1}{4}$

⑤ $\dfrac{11}{7} - \dfrac{4}{3}$

⑥ $\dfrac{9}{10} - \dfrac{8}{15}$

1 通分して，たし算とひき算をしましょう。

① $\dfrac{2}{5} + \dfrac{3}{8}$

② $\dfrac{1}{3} + \dfrac{5}{7}$

③ $\dfrac{4}{3} + \dfrac{3}{2}$

④ $\dfrac{7}{5} + \dfrac{7}{6}$

⑤ $\dfrac{4}{5} - \dfrac{1}{2}$

⑥ $\dfrac{6}{7} - \dfrac{2}{3}$

⑦ $\dfrac{3}{4} - \dfrac{2}{5}$

⑧ $\dfrac{2}{3} - \dfrac{1}{5}$

⑨ $\dfrac{10}{9} - \dfrac{2}{3}$

⑩ $\dfrac{14}{15} - \dfrac{7}{10}$

トライ
2 次の □ にあてはまる数字を求めましょう。

① $\dfrac{\Box}{5} + \dfrac{2}{3} = \dfrac{16}{15}$

② $\dfrac{6}{7} - \dfrac{\Box}{4} = \dfrac{17}{28}$

● 通分して，たし算とひき算をしましょう。

① $\dfrac{5}{9} + \dfrac{1}{4}$

② $\dfrac{5}{8} + \dfrac{2}{5}$

③ $\dfrac{5}{16} + \dfrac{3}{8}$

④ $\dfrac{1}{8} + \dfrac{2}{7}$

⑤ $\dfrac{2}{5} + \dfrac{3}{4}$

⑥ $\dfrac{5}{12} + \dfrac{13}{24}$

⑦ $\dfrac{4}{3} + \dfrac{8}{15}$

⑧ $\dfrac{21}{20} + \dfrac{4}{5}$

⑨ $\dfrac{9}{10} - \dfrac{7}{15}$

⑩ $\dfrac{6}{15} - \dfrac{2}{9}$

⑪ $\dfrac{17}{12} - \dfrac{3}{8}$

⑫ $\dfrac{3}{4} - \dfrac{2}{3}$

⑬ $\dfrac{7}{12} - \dfrac{4}{9}$

⑭ $\dfrac{7}{12} - \dfrac{5}{18}$

① □ にあてはまる数を書きましょう。

①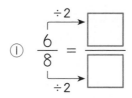

②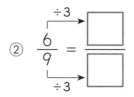

③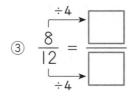

④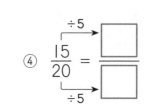

⑤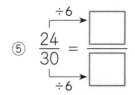

⑥ $\dfrac{54}{63}$

② 次の分数を約分しましょう。

① $\dfrac{4}{16}$　（　　　　）

② $\dfrac{15}{24}$　（　　　　）

③ $1\dfrac{8}{24}$　（　　　　）

④ $2\dfrac{12}{36}$　（　　　　）

⑤ $3\dfrac{6}{12}$　（　　　　）

⑥ $4\dfrac{12}{20}$　（　　　　）

● 次の分数を約分しましょう。

① $\dfrac{6}{18}$　（　　　　）

② $\dfrac{18}{27}$　（　　　　）

③ $\dfrac{40}{48}$　（　　　　）

④ $\dfrac{14}{28}$　（　　　　）

⑤ $\dfrac{45}{30}$　（　　　　）

⑥ $\dfrac{24}{32}$　（　　　　）

⑦ $\dfrac{35}{49}$　（　　　　）

⑧ $\dfrac{60}{35}$　（　　　　）

⑨ $\dfrac{50}{75}$　（　　　　）

⑩ $\dfrac{55}{66}$　（　　　　）

⑪ $3\dfrac{6}{27}$　（　　　　）

⑫ $1\dfrac{13}{39}$　（　　　　）

⑬ $7\dfrac{28}{56}$　（　　　　）

⑭ $3\dfrac{9}{66}$　（　　　　）

⑮ $2\dfrac{12}{60}$　（　　　　）

⑯ $5\dfrac{45}{75}$　（　　　　）

● 次の分数のたし算とひき算をしましょう。また，答えが約分できるときは，約分しましょう。

① $\dfrac{3}{4}+\dfrac{1}{12}$

② $\dfrac{5}{14}+\dfrac{1}{2}$

③ $\dfrac{1}{6}+\dfrac{7}{12}$

④ $\dfrac{5}{6}+\dfrac{1}{15}$

⑤ $\dfrac{5}{6}+\dfrac{3}{10}$

⑥ $\dfrac{27}{10}+\dfrac{7}{15}$

⑦ $\dfrac{5}{6}-\dfrac{3}{10}$

⑧ $\dfrac{11}{12}-\dfrac{1}{4}$

⑨ $\dfrac{3}{4}-\dfrac{3}{20}$

⑩ $\dfrac{15}{6}-\dfrac{3}{4}$

⑪ $\dfrac{1}{2}+\dfrac{2}{3}+\dfrac{5}{6}$

⑫ $\dfrac{3}{4}+\dfrac{1}{8}+\dfrac{2}{3}$

⑬ $\dfrac{8}{9}-\dfrac{1}{2}-\dfrac{1}{3}$

⑭ $\dfrac{5}{6}-\dfrac{1}{3}-\dfrac{1}{4}$

10 分数のたし算とひき算
約分と分数のたし算，ひき算（4）

● 次の分数のたし算とひき算をしましょう。また，答えが約分できるときは，約分しましょう。

① $\dfrac{13}{20} + \dfrac{1}{4}$

② $\dfrac{5}{6} + \dfrac{5}{12}$

③ $\dfrac{5}{12} + \dfrac{11}{24}$

④ $\dfrac{1}{20} + \dfrac{1}{5}$

⑤ $\dfrac{7}{15} + \dfrac{1}{3}$

⑥ $\dfrac{1}{12} + \dfrac{1}{20}$

⑦ $\dfrac{5}{6} - \dfrac{1}{3}$

⑧ $\dfrac{11}{12} - \dfrac{2}{3}$

⑨ $\dfrac{14}{15} - \dfrac{5}{6}$

⑩ $\dfrac{8}{3} - \dfrac{5}{12}$

⑪ $\dfrac{17}{24} - \dfrac{3}{8}$

⑫ $\dfrac{7}{9} - \dfrac{5}{18}$

⑬ $\dfrac{5}{6} + \dfrac{7}{2} + \dfrac{2}{3}$

⑭ $\dfrac{5}{6} + \dfrac{1}{2} - \dfrac{8}{9}$

---

10 分数のたし算とひき算
いろいろな分数のたし算，ひき算（1）

● 次の帯分数のたし算とひき算をしましょう。また，答えが約分できるときは，約分しましょう。

① $2\dfrac{5}{6} + 1\dfrac{1}{9}$

② $1\dfrac{3}{4} + 1\dfrac{1}{8}$

③ $3\dfrac{1}{4} + 1\dfrac{5}{12}$

④ $1\dfrac{7}{18} + 2\dfrac{1}{3}$

⑤ $2\dfrac{2}{7} + 3\dfrac{2}{5}$

⑥ $\dfrac{3}{8} + 5\dfrac{1}{6}$

⑦ $2\dfrac{2}{3} - 1\dfrac{1}{6}$

⑧ $4\dfrac{5}{6} - 2\dfrac{5}{12}$

⑨ $1\dfrac{5}{7} - 1\dfrac{1}{2}$

⑩ $2\dfrac{17}{18} - 2\dfrac{1}{6}$

⑪ $3\dfrac{14}{15} - 1\dfrac{2}{3}$

⑫ $7\dfrac{5}{8} - 1\dfrac{1}{6}$

⑬ $7\dfrac{5}{6} - 7\dfrac{1}{4}$

⑭ $1\dfrac{4}{15} - \dfrac{5}{6}$

10 分数のたし算とひき算
いろいろな分数のたし算，ひき算 (2)

名前

● 次の帯分数のたし算とひき算をしましょう。また，答えが約分できるときは，約分しましょう。

① $1\dfrac{5}{12} + 1\dfrac{3}{4}$

② $3\dfrac{5}{6} + 1\dfrac{2}{3}$

③ $2\dfrac{2}{3} + \dfrac{14}{15}$

④ $\dfrac{5}{6} + 1\dfrac{4}{5}$

⑤ $\dfrac{7}{8} + 1\dfrac{3}{4}$

⑥ $2\dfrac{5}{9} + 3\dfrac{1}{2}$

⑦ $4\dfrac{1}{6} - \dfrac{1}{3}$

⑧ $3\dfrac{1}{12} - 1\dfrac{3}{4}$

⑨ $1\dfrac{3}{8} - \dfrac{3}{4}$

⑩ $2\dfrac{1}{6} - 1\dfrac{1}{2}$

⑪ $3\dfrac{2}{5} - 2\dfrac{2}{3}$

⑫ $2\dfrac{1}{3} - 1\dfrac{3}{8}$

---

10 分数のたし算とひき算
いろいろな分数のたし算，ひき算 (3)

名前

● 次の分数と小数のまじった計算をしましょう。

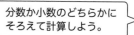
分数か小数のどちらかにそろえて計算しよう。

① $0.8 + \dfrac{2}{5}$

② $\dfrac{7}{10} + 0.25$

③ $\dfrac{3}{5} - 0.2$

④ $1.5 - \dfrac{7}{10}$

⑤ $\dfrac{3}{4} - 0.02$

⑥ $0.75 - \dfrac{3}{8}$

分数を小数で表せないときは，分数にそろえよう。

⑦ $0.25 + \dfrac{5}{6}$

⑧ $\dfrac{1}{6} + 0.5$

⑨ $0.7 - \dfrac{2}{3}$

⑩ $\dfrac{2}{3} - 0.2$

● 次の分数と小数のまじった計算をしましょう。

① $\dfrac{3}{5} + 0.8$

② $1.25 - \dfrac{3}{4}$

③ $1.5 + \dfrac{2}{3}$

④ $0.5 - \dfrac{2}{7}$

⑤ $1.2 - \dfrac{1}{4} - 0.2$

⑥ $1 - \dfrac{1}{5} - \dfrac{1}{3}$

⑦ $3\dfrac{1}{2} + 0.4 - \dfrac{1}{6}$

⑧ $3.5 - 2\dfrac{4}{5} + 0.3$

① 40分は何時間ですか。時計を見て，考え方を読んで，□に
あてはまる数を書きましょう。

①
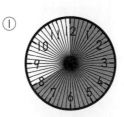
1時間を
60等分した
40こ分だから，
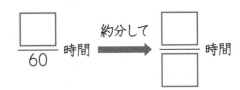
$\dfrac{}{60}$ 時間 　約分して　 時間

②
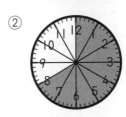
1時間を
12等分した
8こ分だから，

$\dfrac{}{12}$ 時間 　約分して　 時間

③
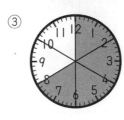
1時間を
6等分した
4こ分だから，
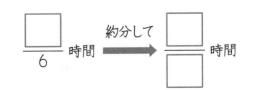
$\dfrac{}{6}$ 時間 　約分して　 時間

② 時計を参考にして，□にあてはまる分数を書きましょう。

① 15分 = □ 時間

② 25分 = □ 時間

10 分数のたし算とひき算
時間と分数 (2)

名前

● □ にあてはまる分数を書きましょう。

① 30分 ＝ □ 時間　　② 15分 ＝ □ 時間

③ 20分 ＝ □ 時間　　④ 45分 ＝ □ 時間

⑤ 5分 ＝ □ 時間　　⑥ 40分 ＝ □ 時間

⑦ 12分 ＝ □ 時間　　⑧ 24分 ＝ □ 時間

⑨ 48分 ＝ □ 時間　　⑩ 10分 ＝ □ 時間

⑪ 10秒 ＝ □ 分　　⑫ 15秒 ＝ □ 分

⑬ 25秒 ＝ □ 分　　⑭ 12秒 ＝ □ 分

⑮ 36秒 ＝ □ 分　　⑯ 3秒 ＝ □ 分

---

10 ふりかえり・たしかめ (1)
分数のたし算とひき算

名前

１ □ にあてはまる数を書きましょう。

① $\dfrac{5}{8} = \dfrac{\Box}{16} = \dfrac{15}{\Box}$　　② $\dfrac{7}{6} = \dfrac{\Box}{18} = \dfrac{49}{\Box}$

③ $\dfrac{24}{40} = \dfrac{12}{\Box} = \dfrac{\Box}{10}$　　④ $\dfrac{64}{72} = \dfrac{32}{\Box} = \dfrac{\Box}{9}$

２ （　）の中の分数を通分しましょう。

① $\left(\dfrac{2}{3} , \dfrac{1}{4} \right)$　　② $\left(\dfrac{2}{5} , \dfrac{3}{7} \right)$

（　，　）　　（　，　）

③ $\left(\dfrac{3}{4} , \dfrac{7}{10} \right)$　　④ $\left(\dfrac{5}{6} , \dfrac{3}{8} \right)$

（　，　）　　（　，　）

⑤ $\left(1\dfrac{2}{3} , 2\dfrac{4}{5} \right)$　　⑥ $\left(2\dfrac{1}{4} , 1\dfrac{4}{5} \right)$

（　，　）　　（　，　）

⑦ $\left(\dfrac{1}{3} , \dfrac{3}{4} , \dfrac{5}{6} \right)$　　⑧ $\left(\dfrac{2}{5} , \dfrac{1}{6} , \dfrac{3}{10} \right)$

（　，　，　）　　（　，　，　）

1　$\frac{5}{6}$ m のリボンと，$\frac{5}{7}$ m のリボンがあります。

① ２本のリボンをあわせると，何 m になりますか。

式

答え _____

② ２本のリボンの長さのちがいは，何 m ですか。

式

答え _____

2　次の分数を約分しましょう。

① $\frac{6}{18}$ （　　　） ② $\frac{16}{56}$ （　　　） ③ $\frac{24}{32}$ （　　　）

④ $\frac{28}{56}$ （　　　） ⑤ $\frac{45}{30}$ （　　　） ⑥ $5\frac{50}{75}$ （　　　）

3　次の計算をしましょう。

① $\frac{2}{3} + \frac{1}{5}$

② $\frac{3}{4} + \frac{5}{12}$

③ $1\frac{1}{4} + 2\frac{1}{2}$

④ $2\frac{1}{3} + \frac{4}{15}$

● 次の分数のたし算とひき算をしましょう。

① $\frac{5}{8} + \frac{2}{5}$

② $\frac{1}{2} + \frac{5}{6}$

③ $\frac{3}{5} - \frac{1}{6}$

④ $\frac{11}{12} - \frac{3}{4}$

⑤ $2\frac{3}{14} + 1\frac{1}{7}$

⑥ $2\frac{5}{9} + \frac{5}{18}$

⑦ $4\frac{17}{20} - 1\frac{3}{4}$

⑧ $3\frac{5}{6} - \frac{1}{3}$

⑨ $3\frac{3}{4} + \frac{4}{5}$

⑩ $1\frac{5}{9} - \frac{5}{6}$

⑪ $\frac{1}{2} + \frac{3}{4} - \frac{2}{3}$

⑫ $\frac{4}{9} + \frac{11}{12} - \frac{5}{18}$

⑬ $0.4 + \frac{2}{3}$

⑭ $\frac{3}{4} - 0.7$

10 まとめのテスト
分数のたし算とひき算

[知識・技能]

1 □にあてはまる数を書きましょう。(5×2)

① $\dfrac{2}{3} = \dfrac{\Box}{9} = \dfrac{16}{\Box}$

② $\dfrac{\Box}{5} = \dfrac{8}{\Box} = \dfrac{20}{25}$

2 次の分数を通分して大小を比べ、□にあてはまる不等号を書きましょう。(5×2)

① $\left(\dfrac{2}{3}\right)$ □ $\left(\dfrac{3}{5}\right)$

② $\left(\dfrac{13}{18}\right)$ □ $\left(\dfrac{3}{4}\right)$

3 次の分数を約分しましょう。(5×2)

① $\dfrac{30}{36}$ (　　　)

② $\dfrac{24}{32}$ (　　　)

4 次の計算をしましょう。(5×4)

① $\dfrac{2}{3} + \dfrac{1}{4}$

② $1\dfrac{1}{3} + \dfrac{1}{6}$

③ $\dfrac{5}{7} - \dfrac{3}{14}$

④ $1\dfrac{3}{5} - \dfrac{1}{10}$

[思考・判断・表現]

5 ジュースが $\dfrac{1}{4}$ L と $\dfrac{2}{5}$ L あります。(5×4)

① あわせると何Lですか。

式

答え

② ちがいは何Lですか。

式

答え

6 リボンが 2.3m あります。$\dfrac{4}{5}$ m 使うと、残りは何mですか。(5×2)

式

答え

7 遠足で、$1\dfrac{1}{2}$ 時間歩きました。少し休んで、また、20分間歩いて目的地に着きました。全部で何時間歩いたことになりますか。(5×2)

式

答え

8 肉が 1.5kg ありました。$\dfrac{1}{6}$ kg 使いました。残りの肉は、何kgですか。(5×2)

式

答え

11 平均
平均 (1)

名前

① 右の図のように，4個のみかん
からジュースができました。
　1個のみかんからできるジュース
は，何mLと考えられますか。

① 全部を1つの入れ物に集めると，
何mLになりますか。

式

答え

② 集めたジュースから，1個のみかん
からできるジュースの量を求めましょう。

式

答え

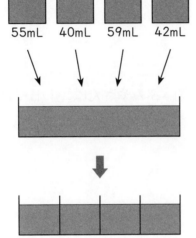

55mL　40mL　59mL　42mL

平 均 ＝ 合 計 ÷ 個 数

② たまご5個の重さをはかると，
右のようになりました。
　1個の重さは，平均何gですか。

式

62g　59g　63g　61g　60g

答え

---

11 平均
平均 (2)

名前

① 右の表は，ここなさんのプランター
で5日間にとれたいちごの個数を
表しています。1日平均何個とれた
ことになりますか。

式

1日にとれたいちごの個数

何日め	1	2	3	4	5
個数 (個)	8	5	11	9	6

答え

② 右の表は，しゅんやさんが，
ゲームを4回したときの得点です。
　1回あたりの平均は，何点ですか。

式

しゅんやさんのゲームの得点

何回め	1	2	3	4
得点 (点)	46	35	39	42

答え

③ 右の表は，ある学校で1週間に
わすれ物をした人数を表したもので
す。1日平均何人がわすれ物をした
ことになりますか。

式

1週間にわすれ物をした人数

曜日	月	火	水	木	金
人数 (人)	5	2	2	1	3

答え

1 次の重さの平均を求めましょう。

> 36kg　43kg　39kg　53kg　40kg　47kg

式

答え _____

2 次の長さの平均を求めましょう。

> 32cm　40cm　51cm　38cm　42cm　58cm

式

答え _____

トライ

3 次の⑦〜⑨の中で，平均が 50 以上になるものはどれですか。
□ に記号を書きましょう。

⑦　45，51，54，47，59，53，48

①　53，46，51，45，50

⑨　55，49，48，50，56，52

□ □

1 平均すると，1個のみかんから 50mL のジュースがとれていました。
みかん 30 個からは，何 mL のジュースができると考えられますか。

式

答え _____

2 ふみやさんは，1日平均 5km 歩きます。

① 1か月間（30 日）では，何 km 歩くことになりますか。

式

答え _____

② 1年間（365 日）では，何 km 歩くことになりますか。

式

答え _____

3 1個のみかんから平均 50mL のジュースをしぼることができます。
2L のジュースを作るには，みかんを何個しぼればいいですか。

式

答え _____

11 平均
平均 (5)

① 右の表は，ある学校の 1 週間の
欠席者の人数を表したものです。
1 日に平均何人が欠席しましたか。

1 週間に欠席した人数

曜日	月	火	水	木	金
人数（人）	6	4	2	0	1

式

答え _____

② 右の表は，まさきさんが，家族
で魚つりをしたときにつれた魚の
数を表したものです。
1 人平均何びきつれましたか。

つれた魚の数

つった人	父	母	まさき	弟	妹
魚の数（ひき）	7	0	5	2	4

式

答え _____

③ 下の表は，さつきさんの 1 週間の読書時間を表したものです。
1 日の読書時間は，平均何分ですか。

1 週間の読書時間

曜日	日	月	火	水	木	金	土
時間（分）	55	25	0	45	30	40	50

式

答え _____

---

11 平均
平均 (6)

● かいとさんは，自分の歩はばを使って，
およその道のりを調べることにしました。

① まず，自分の 10 歩の平均は何 m かを求めます。
平均は，四捨五入して，上から 2 けたのがい数で
表しましょう。

かいとさんの 10 歩の長さ

何回め	1	2	3
歩いた長さ	6m24cm	6m34cm	6m51cm

式

答え _____

② かいとさんの 1 歩の歩はばは，約何 m といえますか。

式

答え _____

③ 学校から自分の家まで，1296 歩でした。学校から家までの
道のりは，約何 m といえますか。
四捨五入して，上から 2 けたのがい数で求めましょう。

式

上から 2 けたのがい数にして，
計算しよう。

答え _____

1　だいきさんの家では，1週間に8.4kL（8400L）の水を使っていました。1日平均何Lの水を使っていることになりますか。

式

答え＿＿＿＿＿＿＿＿

2　下の表は，みゆさんの家の1月から4月までの電気代を表したものです。

月ごとの電気代

月	1	2	3	4
電気代 (円)	13000	14000	11000	8000

①　1か月の平均は，何円ですか。

式

答え＿＿＿＿＿＿＿＿

②　1か月の平均金額から，1年間の電気代は何円になると考えられますか。

式

答え＿＿＿＿＿＿＿＿

1　バナナ1本の重さを平均150gとします。

①　バナナが12本あるとき，何gになると考えられますか。

式

答え＿＿＿＿＿＿＿＿

②　バナナ全体の重さが3kgあるとき，バナナは何本あると考えられますか。

式

答え＿＿＿＿＿＿＿＿

2　下の表は，やまとさんが1週間に発表した回数を，曜日ごとに表したものです。
　　やまとさんは，1日平均何回発表していますか。

1週間に発表した回数

曜日	月	火	水	木	金
回数 (回)	5	4	0	7	3

式

答え＿＿＿＿＿＿＿＿

11 まとめのテスト 平均

名前

[知識・技能]

1 次の重さや長さの平均を求めましょう。(5×6)

① 48g　55g　53g　46g

式

答え

② 43cm　39cm　45cm　40cm　38cm

式

答え

③ 156cm　158cm　148cm　162cm

式

答え

2 下の表は、輪投げをしたときの点数を表したものです。1回の平均は何点ですか。(5×2)

輪投げの点数

何回め	1	2	3	4
点数(点)	9	0	12	7

式

答え

3 下の表は、ある学校の1週間の欠席者の人数を表したものです。1日に平均何人が欠席しましたか。(5×2)

1週間に欠席した人数

曜日	月	火	水	木	金
人数(人)	5	0	3	0	4

式

答え

[思考・判断・表現]

4 みかん5個をしぼったら、下の表のようにジュースができました。(5×6)

みかん1個からできたジュースの量

55mL	60mL	58mL	62mL	65mL

① 1個のみかんから、平均何mLのジュースができたことになりますか。

式

答え

② みかんが12個あれば、何mLのジュースができると考えられますか。

式

答え

③ 1.5Lのジュースを作るためには、みかんが何個あればいいと考えられますか。

式

答え

5 下の表は、ひろとさんの10歩の長さです。(5×4)

ひろとさんの10歩の長さ

何回め	1	2	3
歩いた長さ	6m39cm	6m48cm	6m32cm

① ひろとさんの10歩の長さの平均から、ひろとさんの1歩の歩はばを、四捨五入して、上から2けたのがい数で求めましょう。

式

答え

② ひろとさんが500歩歩いた道のりは、約何mと考えられますか。

式

答え

12 単位量あたりの大きさ
こみぐあい (1)

名前

● 右の表は，AとBのにわとり小屋の面積と，にわとりの数を調べたものです。
どちらがこんでいますか。3つの考え方で考えます。□にあてはまる数や記号を書きましょう。

にわとり小屋の面積とにわとりの数

	面積 (m²)	にわとりの数 (わ)
A	5	12
B	8	20

㋐ 面積を5と8の公倍数の40にそろえて比べてみましょう。

Aの小屋
$40 \div 5 = 8$

小屋の面積が8倍だからにわとりの数も8倍にする。

$12 \times \boxed{} = \boxed{}$

Bの小屋
$40 \div 8 = 5$

小屋の面積が5倍だからにわとりの数も5倍にする。

$20 \times \boxed{} = \boxed{}$

答え $\boxed{}$ のほうがこんでいる。

㋑ 1m² あたりのにわとりの数で比べましょう。

Aの小屋
$12 \div 5 = 2.4$

Bの小屋
$\boxed{} \div \boxed{} = \boxed{}$

答え $\boxed{}$ のほうがこんでいる。

㋒ 1わ あたりの面積で比べましょう。

Aの小屋
$5 \div 12 = 0.41\cdots$

Bの小屋
$\boxed{} \div \boxed{} = \boxed{}$

答え $\boxed{}$ のほうがこんでいる。

12 単位量あたりの大きさ
こみぐあい (2)

名前

1 右の表は，CとDのにわとり小屋の面積と，にわとりの数を調べたものです。

どちらがこんでいますか。単位量あたりの大きさで比べましょう。

にわとり小屋の面積とにわとりの数

	面積 (m²)	にわとりの数 (わ)
C	8	18
D	12	30

㋐ 1m² あたりのにわとりの数で比べましょう。

式　Cの小屋

　　Dの小屋

答え _____

㋑ 1わ あたりの面積で比べましょう。

式　Cの小屋

　　Dの小屋

答え _____

2 Aはんは 2m² に12人，Bはんは 3m² に15人います。
どちらがこんでいますか。1m² あたりの人数で比べましょう。

式

答え _____

12 単位量あたりの大きさ
いろいろな単位量あたりの大きさ（1）

名前

人口密度は，1km² あたりの人口で表します。

1　A町は，面積 54km² で人口は 12150人です。B町は，面積 25km² で人口は 6100人です。
　　どちらの人口密度が高いですか。

式

答え　　　　　　　　　

2　東南市と西北市の面積と人口は，右の表のとおりです。
　　どちらの人口密度が高いですか。

東南市と西北市の面積と人口

	面積 (km²)	人口 (人)
東南市	76	17200
西北市	52	14800

式

答え　　　　　　　　　

---

12 単位量あたりの大きさ
いろいろな単位量あたりの大きさ（2）

名前

1　右の表は，東と西の畑の面積ととれたさつまいもの重さを表したものです。
　　どちらの畑がよくとれたといえますか。

畑の面積ととれたさつまいもの重さ

	面積 (a)	とれた重さ (kg)
東の畑	3	165
西の畑	4	190

式

答え　　　　　　　　　

2　A車は 255km を走るのに 15L のガソリンを使いました。
　　B車は 630km を走るのに 40L のガソリンを使いました。
　　使ったガソリンの量のわりに，長い道のりを走っているのは，A車，B車のどちらですか。

式

答え

12 単位量あたりの大きさ
いろいろな単位量あたりの大きさ（3）

名前

1　同じノートが，次のねだんで売られています。
　8さつで960円と10さつで1150円です。
　ノート1さつのねだんは，どちらが高いですか。

8さつで960円

10さつで1150円

式

答え _____

トライ

2　Ⓐの畑は，30m²で102kgのキャベツがとれました。
　Ⓑの畑は，40m²で140kgのキャベツがとれました。
　Ⓒの畑は，50m²で165kgのキャベツがとれました。
　とれぐあいがよい順番に，□に記号を書きましょう。

式

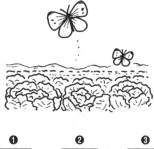

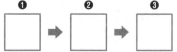

❶ [　] ➡ ❷ [　] ➡ ❸ [　]

---

12 単位量あたりの大きさ
速さ（1）

名前

●　AさんとBさんのかかった時間と走ったきょりは，右の表のとおりです。
　AさんとBさんでは，どちらが速いか，2つの方法で比べましょう。

かかった時間と走ったきょり

	時間 (秒)	きょり (m)
A	16	80
B	25	120

㋐　1秒間あたりに何m走ったかで比べましょう。
　式
　Aさん

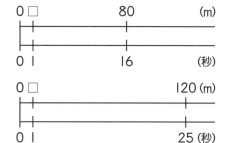

　Bさん

答え _____

㋑　1mあたりに何秒かかったかで比べましょう。
　式
　Aさん

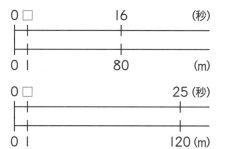

　Bさん

答え _____

22

12 単位量あたりの大きさ
速さ (2)

名前

1 　自動車Aは 3 時間で 174km 走り，
自動車Bは 4 時間で 224km 走りました。
　どちらが速いですか。1 時間あたりに
進む道のり（時速）で比べましょう。

式

自動車A

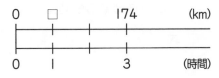

自動車B

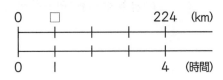

答え _____

2 　自動車Cは 3 時間で 156km 走り，自動車Dは 5 時間で 270km
走りました。
　どちらの自動車が速いですか。

式

答え _____

12 単位量あたりの大きさ
速さ (3)

名前

1 　つばめは，2 時間で 90km を飛ぶことができます。

① 　このつばめの時速は何 km ですか。

式

答え _____

② 　このつばめの分速は何 m ですか。

式

答え _____

③ 　このつばめの秒速は何 m ですか。

式

答え _____

2 　新幹線のぞみは 3 時間で 630km 進みました。

① 　新幹線のぞみの時速は何 km ですか。

式

答え _____

② 　新幹線のぞみの分速は何 km ですか。

式

答え _____

③ 　新幹線のぞみの秒速は何 m ですか。
（四捨五入して，上から 2 けたのがい数で表しましょう。）

式

答え _____

12 単位量あたりの大きさ
速さ（4）

名前

12 単位量あたりの大きさ
速さ（5）

名前

□1　チーターは，5秒間で150m走ることができます。

①　このチーターの秒速は何mですか。

式

答え＿＿＿＿＿＿＿＿＿＿＿

②　このチーターの分速は何kmですか。

式

答え＿＿＿＿＿＿＿＿＿＿＿

③　このチーターの時速は何kmですか。

式

答え＿＿＿＿＿＿＿＿＿＿＿

□2　10分間で9kmを走るオートバイがあります。

①　このオートバイの分速は何kmですか。

式

答え＿＿＿＿＿＿＿＿＿＿＿

②　このオートバイの時速は何kmですか。

式

答え＿＿＿＿＿＿＿＿＿＿＿

③　このオートバイの秒速は何mですか。

式

答え＿＿＿＿＿＿＿＿＿＿＿

（トライ）
□1　3.5時間で252km進む自動車があります。

①　この自動車の時速は何kmですか。

式

答え＿＿＿＿＿＿＿＿＿＿＿

②　この自動車の分速は何kmですか。

式

答え＿＿＿＿＿＿＿＿＿＿＿

③　この自動車の秒速は何mですか。

式

答え＿＿＿＿＿＿＿＿＿＿＿

（トライ）
□2　1.5時間で162km進む電車があります。

①　この電車の時速は何kmですか。

式

答え＿＿＿＿＿＿＿＿＿＿＿

②　この電車の分速は何kmですか。

式

答え＿＿＿＿＿＿＿＿＿＿＿

③　この電車の秒速は何mですか。

式

答え＿＿＿＿＿＿＿＿＿＿＿

月　日

1　高速道路を時速 85km で走る自動車があります。
　　3 時間では，何 km の道のりを進むことができますか。

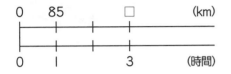

```
0      85      □        (km)
├───┼───┼───┼──────
0       |       3      (時間)
```

式

答え

2　分速 1.5km で飛ぶつばめは，20 分間で何 km 進みますか。

式

答え

3　秒速 250m で飛んでいる飛行機があります。
　　40 秒間では何 km 進みますか。

式

答え

月　日

1　時速 40km で走る自動車があります。
　　1.5 時間では，何 km の道のりを進むことができますか。

式

答え

2　分速 400m で走る自転車は，20 分間で
　　何 km 進みますか。

式

答え

3　時速 240km で進む新幹線のぞみは，0.5 時間では何 km
　　進みますか。

式

答え

12 単位量あたりの大きさ
速さ (8)

名前

① 時速220kmで走る新幹線は，京都〜博多の660kmを何時間で進むことができますか。

0	220	660	(km)

0		□	(時間)

式

答え ＿＿＿＿＿＿＿＿＿

② 分速75mで歩く人がいます。その速さで2.7km歩くとすると，かかる時間は何分ですか。

式

答え ＿＿＿＿＿＿＿＿＿

③ 陸から60kmはなれた沖に台風があります。その台風は，時速24kmで陸に向かってまっすぐ進んでいます。
　何時間後に上陸しますか。

式

答え ＿＿＿＿＿＿＿＿＿

---

12 単位量あたりの大きさ
速さ (9)

名前

① 分速850mで飛んでいるはとが，5.1kmを進むのにかかる時間は何分ですか。

式

答え ＿＿＿＿＿＿＿＿＿

② 全長2.4kmの橋があります。その橋を分速60mの速さで歩きます。
　橋をわたりきるのに何分かかりますか。

式

答え ＿＿＿＿＿＿＿＿＿

③ 秒速8mで走る人は，60mを何秒で走ることができますか。

式

答え ＿＿＿＿＿＿＿＿＿

月　日

● かみなりが発生した場所までのきょりを考えましょう。
音が空気中を伝わる速さは，およそ秒速340mです。
いなずまは，光るのと同時に見えたとします。

① いなずまが見えてから，8秒たって
かみなりの音が聞こえてきました。
かみなりから，音が聞こえた場所
までは，およそ何mありましたか。

式

答え _____

② 自分が，かみなりの場所から1500m以内にいると考えられるのは，
いなずまが見えてから音が聞こえるまでにかかる時間がおよそ何秒以内
のときですか。
四捨五入して，整数で答えましょう。

式

答え _____

月　日

1 こうきさんの学校の児童数は120人で，
運動場の面積は1人あたり25m²です。

① こうきさんの学校の運動場の面積は
何m²ですか。

式

答え _____

② 来年は，児童数が5人増える予定です。
来年の1人あたりの運動場の面積は，何m²になりますか。

式

答え _____

2 右の表は，A市とB市の
面積と人口を表しています。
どちらの人口密度が高い
ですか。

A市とB市の面積と人口

	面積（km²）	人口（人）
A市	72	18000
B市	55	13200

式

答え _____

① 同じジュースが，A店とB店で売られています。
A店では，24本で2040円です。
B店では，20本で1600円です。
1本あたりのねだんは，どちらが高いですか。

式

答え _____

② はやぶさは，5秒間で400mを飛びました。

① このはやぶさの秒速は何mですか。

式

答え _____

② このはやぶさの分速は何kmですか。

式

答え _____

③ このはやぶさの時速は何kmですか。

式

答え _____

① 時速108kmで進む快速列車があります。
この快速列車は，1.5時間で何km進みますか。

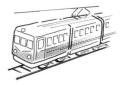

式

答え _____

② 自転車に乗って，秒速4mで進みます。

① 50秒間では，何m進みますか。

式

答え _____

② 20分間では，何km進みますか。

式

答え _____

③ 家から学校まで720mあります。分速60mで歩くと，
家から学校まで何分かかりますか。

式

答え _____

12 まとめのテスト (1)
単位量あたりの大きさ

【知識・技能】

1 右の表は、A、B、C のマットの面積とその上に乗っている人数を表したものです。
□にあてはまる数や記号を書きましょう。(5×6)

マットの面積と人数

	面積(m²)	人数(人)
A	2	12
B	3	12
C	3	15

① AとBでは、□ がこんでいる。

② BとCでは、□ がこんでいる。

③ AとCでは、どちらがこんでいますか。1m²あたりの人数で比べましょう。
式　A　12÷□=□
　　C　15÷□=□
AとCでは、□ がこんでいる。

④ A、B、Cを、こんでいる順にならべましょう。

❶□ → ❷□ → ❸□

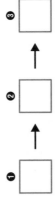

2 右の表は、A市とB市の面積と人口を表したものです。どちらがこんでいますか。(5×4)

A市とB市の面積と人口

	面積(km²)	人口(人)
A市	16	32000
B市	15	27000

① 1km²あたりの人口で比べましょう。
式　A市　32000÷□=□
　　B市　□÷□=□

② 1km²あたりの人口が多いのはどちらですか。（　　）

③ 1km²あたりの人口で表すことを何といいますか。（　　）

【思考・判断・表現】

3 東の畑は 3a で 57kg、西の畑は 5a で 80kg の玉ねぎがとれました。どちらの畑がとれぐあいがよいですか。(5×2)

式

答え

4 自動車Aは、18L で 270km 走りました。自動車Bは、35L で 560km 走りました。

① 使うガソリンの量のわりに長い道のりを走ったのは、A、Bのどちらですか。(5×2)

式

答え

② 自動車Cは、1L で 18km 走ることができます。それぞれ 20L のガソリンで何km 走ることができますか。(5×4)

式

答え　B　　　　　C

③ 自動車Dは、1L で 19km 走ることができます。自動車Dが 570km を走るには、何L のガソリンが必要ですか。(5×2)

式

答え

月　　日
名前

29

[知識・技能]

① 右の表は、Aさんと Bさんの走った時間ときょりです。(5×4)

	時間(秒)	きょり(m)
Aさん	5	32
Bさん	8	50

① どちらが速く 走りましたか。
1秒あたりに何m走ったかで比べましょう。

式

Aさん

Bさん

答え（　　　　）のほうが速い。

② 1秒あたりに進む道のりで表した速さを 何といいますか。

答え（　　　　　）

② ある自動車は、2時間で90km走りました。(5×4)

① この自動車の時速を求めましょう。

式

答え

② この自動車の分速を求めましょう。

式

答え

③ 分速2700mで飛ぶつばめの時速は、 何kmですか。(5×2)

式

答え

[思考・判断・表現]

④ 1.5時間で90km走る自動車Aがあります。(5×6)

① 自動車Aの時速を求めましょう。

式

答え

② 自動車Aが2.5時間で進む道のりを 求めましょう。

式

答え

③ 自動車Bは、1秒間で15m進みます。 自動車Aと自動車Bでは、どちらが速いですか。

式

答え

⑤ マグロは、分速1.2kmで 泳ぐそうです。(5×4)

① マグロの時速を求めましょう。

式

答え

② マグロは180kmを何時間で泳ぐことが できますか。

式

答え

月　日

● 下の平行四辺形を長方形にして，面積を求めましょう。
長方形にしたことが分かるように，図にかいて，面積を求めましょう。

①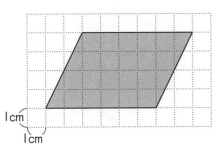

式

答え＿＿＿＿＿＿＿＿

1cm
1cm

②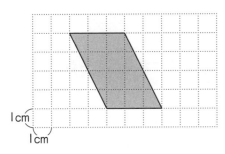

式

答え＿＿＿＿＿＿＿＿

1cm
1cm

③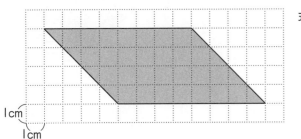

式

答え＿＿＿＿＿＿＿＿

1cm
1cm

月　日

1　次の平行四辺形の太線を底辺にすると，高さは⑦，④のどちら
ですか。□に記号を書きましょう。

①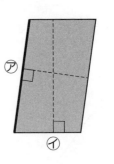

②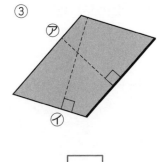

③

□　　　□　　　□

2　次の平行四辺形の太線を底辺にしたときの高さを，図にかきましょう。

①

②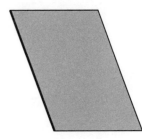

③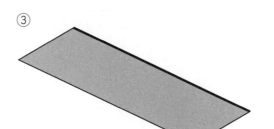

④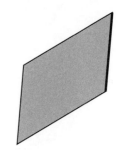

平行四辺形の面積　＝　底辺　×　高さ

● 次の平行四辺形の面積を求めましょう。

①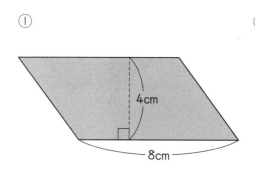

式

答え _____

②

式

答え _____

③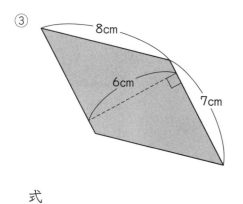

式

答え _____

④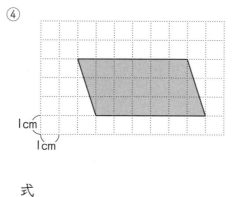

式

答え _____

① 次の平行四辺形の面積を求めましょう。

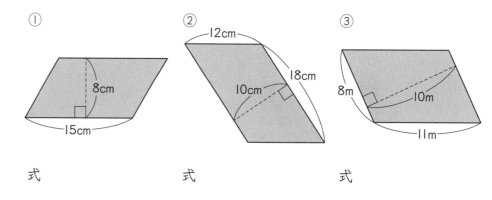

①

式

答え _____

②

式

答え _____

③

式

答え _____

② 面積が分かっている平行四辺形で，□にあてはまる数を求めましょう。

① 面積 24cm²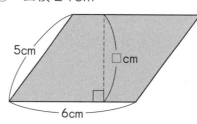

式

答え _____

② 面積 36cm²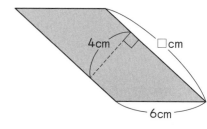

式

答え _____

月　　日

1　右の平行四辺形ＡＢＣＤで，辺ＢＣを底辺としたときの面積を求めましょう。

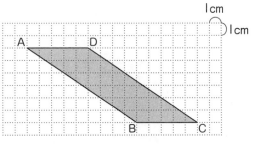

1cm
1cm

高さが平行四辺形の中にありません。次のようにして面積を求めました。

□にあてはまる数を入れて，式と答えを書きましょう。

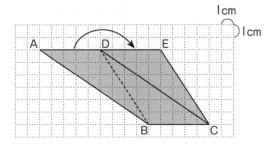

1cm
1cm

ＤＢで切って，三角形ＡＢＤを動かして，平行四辺形ＤＢＣＥにして面積を求めます。

辺ＢＣを底辺としたときの高さは，□cmになります。

式

答え

高さが平行四辺形の中にないときも，右の図のように高さを考えます。

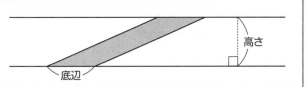

底辺　　　高さ

2　右の平行四辺形の面積を求めましょう。

式

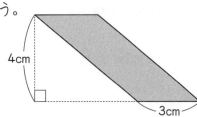

4cm
3cm

答え

月　　日

1　次の平行四辺形の面積を求めましょう。

①
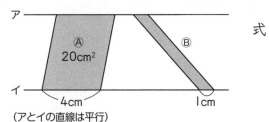

4.8cm
5cm

式

答え

②

8cm
5cm
3cm

式

答え

③

5cm
2cm
7cm

式

答え

④

1cm
1cm

式

答え

2　下の⑧の平行四辺形の面積を求めましょう。

ア
⑧
20cm²
⑥
イ
4cm
1cm
（アとイの直線は平行）

式

答え

① 次の平行四辺形の面積を求めましょう。

①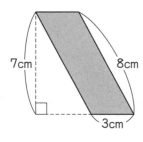

7cm　8cm
3cm

式

答え _____

②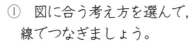

8cm　4cm

5.5cm

式

答え _____

③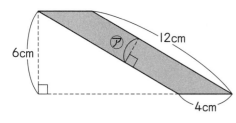

1cm
1cm

式

答え _____

トライ
② 下の平行四辺形について、問いに答えましょう。

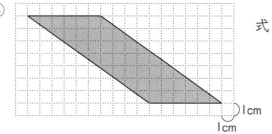

6cm　㋐　12cm
4cm

① 平行四辺形の面積を求めましょう。

式

答え _____

② ㋐の長さを求めましょう。

式

答え _____

● 右の三角形の面積を求めます。

1cm
1cm

① 図に合う考え方を選んで、
線でつなぎましょう。

㋐ 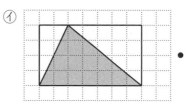 ・

・ 三角形がぴったり入る
長方形の半分が、三角形の面積
$4 \times 7 \div 2 = 14$

㋑ 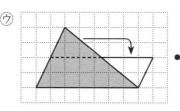 ・

・ 三角形の半分の高さで
切って動かすと、平行四辺形
$7 \times (4 \div 2) = 14$

㋒ ・

・ 三角形を2つ合わせると、
平行四辺形。平行四辺形の
面積の半分が三角形の面積
$7 \times 4 \div 2 = 14$

② 三角形の面積を求める公式を書きましょう。

三角形の面積 ＝ ☐ × ☐ ÷ ☐

③ 三角形の面積を求める公式を使って、上の三角形の面積を求めましょう。

式

答え _____

① 次の三角形で，太線を底辺としたときの高さを図に書きましょう。

①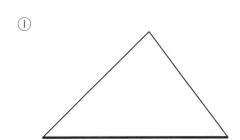

②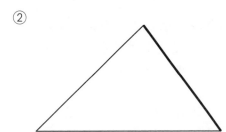

③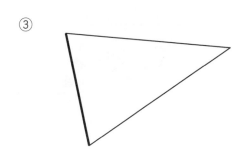

④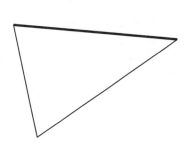

② 次の三角形の面積を求めましょう。

①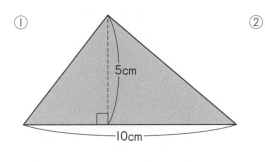

式

答え _____

②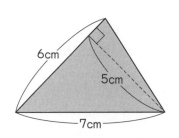

式

答え _____

● 次の三角形の面積を求めましょう。

①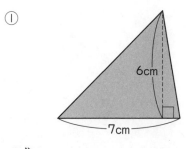

式

答え _____

②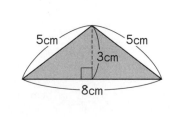

式

答え _____

③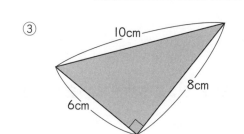

式

答え _____

④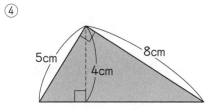

式

答え _____

⑤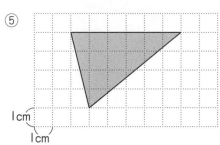

式

答え _____

① 次の三角形の面積を求めましょう。

①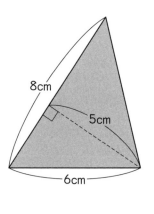

8cm　5cm　6cm

式

答え _____

②

10cm　8cm　14cm

式

答え _____

② 面積が分かっている三角形で、□にあてはまる数を求めましょう。

① 面積 36cm²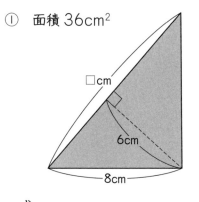

□cm　6cm　8cm

式

答え _____

② 面積 18cm²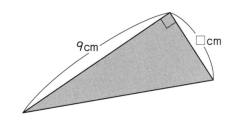

9cm　□cm

式

答え _____

● 右の三角形ＡＢＣで、辺ＢＣを底辺としたときの、面積の求め方を考えます。

□にあてはまることばや数を書きましょう。

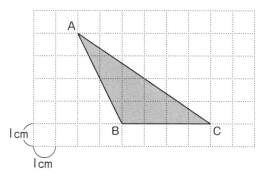

A　B　C
1cm　1cm

三角形ＡＢＣを２つ合わせると、右の図のように四角形ＡＢＣＤになります。

四角形ＡＢＣＤは

 です。

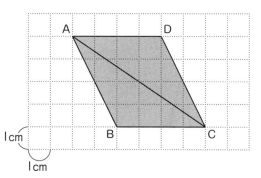

A　D　B　C
1cm　1cm

四角形ＡＢＣＤの面積を求めます。

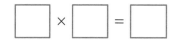 × □ = □

三角形ＡＢＣの面積を求めます。

 ÷ □ = □

三角形ＡＢＣの面積は、

 cm² です。

三角形ＡＢＣの面積は、四角形ＡＢＣＤの面積の半分だね。

三角形の高さが中にない場合でも、平行四辺形のときと同じように高さを考えることができます。

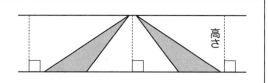

高さ

1　次の三角形の面積を求めましょう。

① 7cm　4cm

式

答え

② 12cm　4cm　7cm

式

答え

③ 8m　3m　10m

式

答え

④ 1cm　1cm

式

答え

2　下の①の三角形の面積は何 cm² ですか。

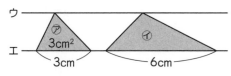

ウ　エ　⑦ 3cm²　3cm　⑦ 6cm
（ウとエの直線は平行）

答え

1　次の三角形の面積を求めましょう。

① 5cm　4cm　8cm

式

答え

② 6cm　2.5cm　2.5cm

式

答え

トライ
2　下の三角形について，問いに答えましょう。

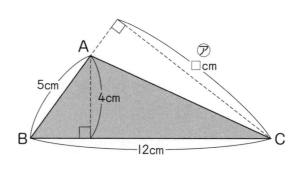

① 三角形ＡＢＣの面積を求めましょう。

式

答え

A　⑦　□cm　5cm　4cm　B　12cm　C

② 辺ＡＢを底辺としたとき，⑦の□cm が高さになります。
□にあてはまる数を求めましょう。

式

答え

● 右の台形ＡＢＣＤの面積を求めます。
　①～③の図や文の考え方に
ふさわしい式を，下の〔　〕から
選んで書き，答えを求めましょう。

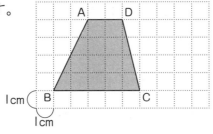

①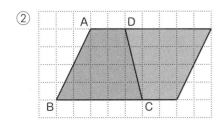

対角線で，三角形ＡＢＤと三角形ＤＢＣ
に分けて，それぞれの面積を合わせる。

式

答え＿＿＿＿＿＿＿

②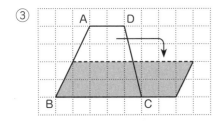

同じ台形を２つ合わせると，平行四辺形
になる。平行四辺形の半分が台形の面積。

式

答え＿＿＿＿＿＿＿

③

台形を半分の高さで切って動かすと，
平行四辺形になる。

式

答え＿＿＿＿＿＿＿

┌─────────────────────────────┐
　(5＋2)×4÷2　　(5＋2)×(4÷2)　　2×4÷2＋5×4÷2
└─────────────────────────────┘

1 台形の面積を求める公式を書きましょう。

台形の面積 ＝（ □ ＋ □ ）× □ ÷ □

2 次の台形の面積を求めましょう。

①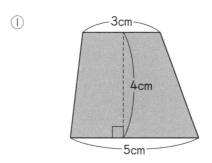

式

答え＿＿＿＿＿＿＿

②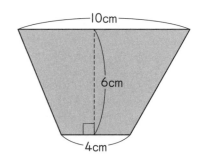

式

答え＿＿＿＿＿＿＿

③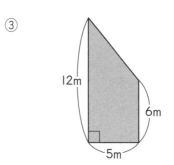

式

答え＿＿＿＿＿＿＿

④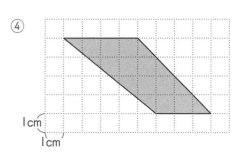

式

答え＿＿＿＿＿＿＿

□ 次の台形の面積を求めましょう。

①

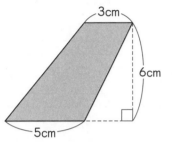

式

答え _____

②

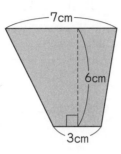

式

答え _____

トライ

② 右の台形について、問いに答えましょう。

① この台形の面積は、28cm² です。
高さは何cmですか。

式

答え _____

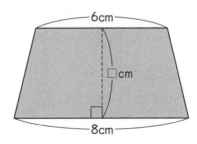

② この台形を半分の面積に分けます。下の図のように分けると、アイの長さを何cmにすればいいですか。

式

答え _____

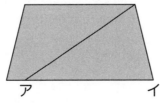

● 右の四角形ABCDの面積を求めます。
　①～③の図や文の考え方に
ふさわしい式を、下の ┈┈┈ から
選んで書き、答えを求めましょう。

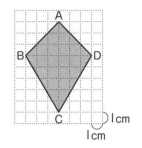

① 長方形の半分とみて求める。

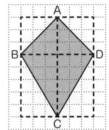

式

答え _____

② 同じ面積の長方形に形を変えて求める。

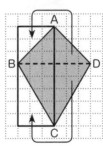

式

答え _____

③ 2つの三角形に分けて、面積を合わせて求める。

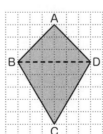

式

答え _____

┌─────────────────────────────┐
│ 8×（6÷2）　　6×3÷2＋6×5÷2　　（8×6）÷2 │
└─────────────────────────────┘

1 ひし形の面積を求める公式を書きましょう。

ひし形の面積 = [　　　　] × [　　　　] ÷ [　]

2 次の四角形の面積を求めましょう。

① ひし形

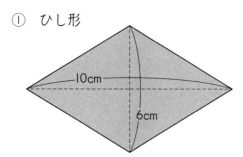

10cm

6cm

式

答え _____

② ひし形

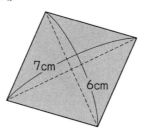

7cm

6cm

式

答え _____

③

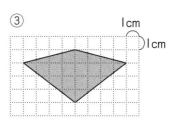

1cm
1cm

式

答え _____

④

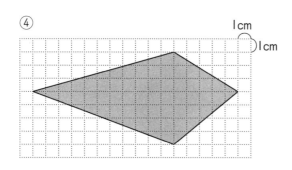

1cm
1cm

式

答え _____

● 下のように，三角形の底辺の長さは変えないで，高さを 1cm，2cm，3cm…と変えていくときの，面積の変わり方を調べましょう。

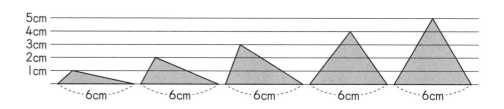

5cm
4cm
3cm
2cm
1cm

6cm　6cm　6cm　6cm　6cm

① 高さが 1，2，3，…と変わると，三角形の面積はどうなりますか。下の表に書きましょう。

高さ(cm)	1	2	3	4	5	6	7	8	
面積(cm²)									

② 高さが 2 倍，3 倍，…になると，面積はどうなりますか。

(　　　　　　　　　　　　　　　　)

③ 三角形の面積は，高さに比例していますか。

(　　　　　　　　　　　　　　　　)

④ 高さが 30cm のときの三角形の面積は，高さが 6cm のときの三角形の面積の何倍で，何 cm² ですか。

(　　　) 倍で，(　　　) cm²

40

① 次の図形の面積を求める公式を書きましょう。

① 平行四辺形の面積 ＝

② 三角形の面積 ＝

③ 台形の面積 ＝

④ ひし形の面積 ＝

② 次の図形の面積を求めましょう。

①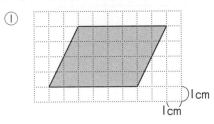

式

答え

②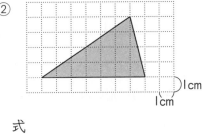

式

答え

③

式

答え

④

式

答え

● 次の図形の面積を求めましょう。

① 平行四辺形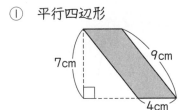

式

答え

②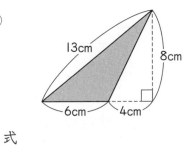

式

答え

③ 平行四辺形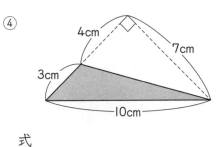

式

答え

④

式

答え

⑤ 台形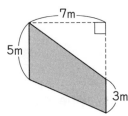

式

答え

⑥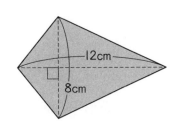

式

答え

① □ にあてはまる数を求めましょう。

① 30cm²

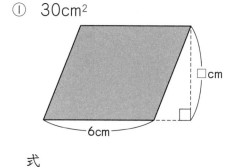

6cm
□cm

式

答え　　　　　cm

② 12cm²

8cm
□cm
4cm

式

答え　　　　　cm

③ 台形 22cm²

3cm
□cm
7cm

式

答え　　　　　cm

④ ひし形 27cm²

9cm
□cm

式

答え　　　　　cm

② 下の三角形①の面積は，三角形⑦の面積の何倍ですか。

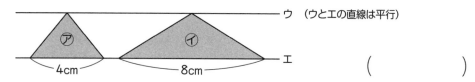

ウ　（ウとエの直線は平行）

⑦　　　①

4cm　　　8cm　　エ

（　　　　　　）

① 平行四辺形の底辺の長さを 4cm と決めて，高さを 1cm，2cm，3cm，…と変えていくと，面積はどのように変化しますか。

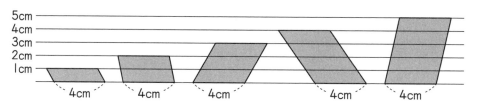

5cm
4cm
3cm
2cm
1cm

4cm　4cm　4cm　4cm　4cm

① 平行四辺形の高さと面積の変わり方を，表にまとめましょう。

高さ (cm)	1	2	3	4	5	6	7	8	
面積 (cm²)									

② □ にあてはまることばや数を書きましょう。

平行四辺形の高さが 2 倍，3 倍，…になると，

面積も ☐ 倍，☐ 倍，…になります。

平行四辺形の面積は，高さに ☐ します。

③ 高さが 20cm のときの面積は，高さが 5cm のときの面積の何倍ですか。　　（　　　　　　）

② 右の台形①の面積は，台形⑦の面積の何倍になっていますか。

（　　　　　　）

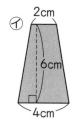

⑦　2cm　3cm　4cm

①　2cm　6cm　4cm

13 まとめのテスト
四角形と三角形の面積

名前

[知識・技能]

① 次の図形の面積を求めましょう。(5×10)

① 平行四辺形

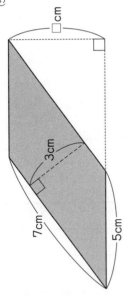

（4cm、5.5cm、6cm）

式

答え

② 平行四辺形

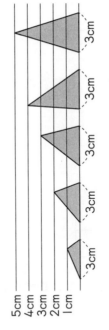

（7cm、4cm、3cm）

式

答え

③

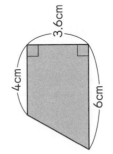

（6cm、2.5cm、5cm）

式

答え

④

（3.6cm、4cm、6cm）

式

答え

⑤ ひし形

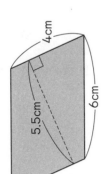

（8cm、5cm）

式

答え

[思考・判断・表現]

② 下の平行四辺形について、問いに答えましょう。(5×4)

（7cm、3cm、5cm、□cm）

① 上の平行四辺形の面積を求めましょう。

式

答え

② □にあてはまる数を求めましょう。

式

答え

③ 下の図のように、三角形の底辺の長さは変えないで、高さを変えていきます。(10×3)

5cm　4cm　3cm　2cm　1cm（底辺 3cm）

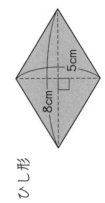

① 三角形の高さと面積の関係を表に表しましょう。

高さ(cm)	1	2	3	4	5	6	7	8
面積(cm²)								

② □にあてはまることばや数を書きましょう。

高さが2倍、3倍、…になると、

面積も□倍、□倍、…になります。

③ 三角形の面積は、高さに□します。

高さが15cmになると、面積は、高さが5cmのときの何倍になりますか。

答え（　　　　）

43

● AさんとBさんがシュートした回数と入った回数は，下の表の
とおりです。

どちらがよく成功したといえますか。

シュートの練習の記録

	入った回数 (回)	シュートした回数 (回)
Aさん	6	12
Bさん	4	10

① Aさんの入った回数は，シュートした回数の何倍になっていますか。

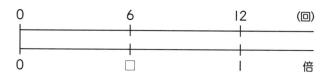

式

答え＿＿＿＿＿＿＿＿

② Bさんの入った回数は，シュートした回数の何倍になっていますか。

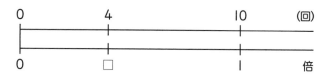

式

答え＿＿＿＿＿＿＿＿

③ どちらがシュートが
よく成功したといえますか。　　（　　　　　　　）

● CさんとDさんとEさんがシュートした回数と入った回数は，
下の表のとおりです。

よく成功したといえるのはだれですか。

シュートの練習の記録

	入った回数 (回)	シュートした回数 (回)
Cさん	9	15
Dさん	11	20
Eさん	16	25

① Cさんの入った回数は，シュートした回数の何倍ですか。

式

答え＿＿＿＿＿＿＿＿

② Dさんの入った回数は，シュートした回数の何倍ですか。

式

答え＿＿＿＿＿＿＿＿

③ Eさんの入った回数は，シュートした回数の何倍ですか。

式

答え＿＿＿＿＿＿＿＿

④ シュートがよく成功した順に
書きましょう。

● クラブ希望調査をすると, マンガクラブ, スポーツクラブ, 料理クラブの結果は下の表のようになりました。

それぞれのクラブの定員を1とみたとき, 希望者数はどれだけにあたるかを表した数（割合）を求めましょう。

クラブ活動希望調べ

	定員 (人)	希望者数 (人)
マンガクラブ	20	32
スポーツクラブ	25	38
料理クラブ	18	27

① マンガクラブ

式

答え　　　　　　　　　

② スポーツクラブ

式

答え　　　　　　　　　

③ 料理クラブ

式

答え　　　　　　　　　

● A, B, Cのバスの定員と乗車人数を調べると, 下の表のとおりでした。どのバスが混んでいますか。定員をもとにした, 乗車人数の割合で比べてみましょう。

バスの乗車人数調べ

	定員 (人)	乗車人数 (人)
Aバス	40	50
Bバス	50	65
Cバス	30	24

① Aバス

式

答え　　　　　　　　　

② Bバス

式

答え　　　　　　　　　

③ Cバス

式

答え　　　　　　　　　

④ 混んでいる割合が大きい順に書きましょう。

14 割合
割合 (5)

名前

1　小数や整数で表した割合を，百分率で表しましょう。

① 0.27　（　　　　　）　② 0.19　（　　　　　）

③ 0.06　（　　　　　）　④ 0.05　（　　　　　）

⑤ 1.24　（　　　　　）　⑥ 1.08　（　　　　　）

⑦ 0.6　（　　　　　）　⑧ 0.5　（　　　　　）

⑨ 0.387　（　　　　　）　⑩ 0.702　（　　　　　）

⑪ 1　（　　　　　）　⑫ 2　（　　　　　）

2　百分率で表した割合を，小数で表しましょう。

① 58%　（　　　　　）　② 4%　（　　　　　）

③ 80%　（　　　　　）　④ 20%　（　　　　　）

⑤ 53.6%　（　　　　　）　⑥ 0.9%　（　　　　　）

⑦ 140%　（　　　　　）　⑧ 100%　（　　　　　）

---

14 割合
割合 (6)

名前

1　かなさんの学校の5年生は80人で，そのうち，家でペットを飼っている人は，32人です。
　5年生の人数をもとにした，ペットを飼っている人数の割合を%で表しましょう。

式

答え＿＿＿＿＿＿＿

2　面積が200m²の公園があります。そのうち，70m² がしばふになっています。
　公園の面積をもとにした，しばふの割合を%で表しましょう。

式

答え＿＿＿＿＿＿＿

3　るいさんは，本を40さつ持っています。
　そのうち，26さつは物語です。
　持っている本の数をもとにした，物語の本の割合を百分率で表しましょう。

式

答え＿＿＿＿＿＿＿

14 割合
割合（7）

名前

① 小数や整数で表した割合を，百分率で表しましょう。

① 0.8　（　　　　　）　② 0.45　（　　　　　）

③ 1.05　（　　　　　）　④ 0.409　（　　　　　）

⑤ 2.5　（　　　　　）　⑥ 3　（　　　　　）

⑦ 0.07　（　　　　　）　⑧ 0.031　（　　　　　）

⑨ 0.005　（　　　　　）　⑩ 1.2　（　　　　　）

トライ
② 分数で表した割合を，百分率で表しましょう。

① $\dfrac{39}{100}$　（　　　　　）　② $\dfrac{3}{100}$　（　　　　　）

③ $\dfrac{7}{10}$　（　　　　　）　④ $\dfrac{1}{10}$　（　　　　　）

⑤ $\dfrac{2}{5}$　（　　　　　）　⑥ $\dfrac{5}{8}$　（　　　　　）

---

14 割合
割合（8）

名前

① 百分率で表した割合を，小数や整数で表しましょう。

① 8%　（　　　　　）　② 72%　（　　　　　）

③ 30.6%　（　　　　　）　④ 130%　（　　　　　）

⑤ 0.5%　（　　　　　）　⑥ 100%　（　　　　　）

⑦ 25.6%　（　　　　　）　⑧ 30.7%　（　　　　　）

トライ
② 百分率で表した割合を，小数と分数で表しましょう。

	小数	分数
① 60%	（　　　　）	（　　　　）
② 75%	（　　　　）	（　　　　）
③ 4%	（　　　　）	（　　　　）
④ 108%	（　　　　）	（　　　　）
⑤ 37.5%	（　　　　）	（　　　　）

● 下の表は，割合を表す小数や整数と，百分率，歩合との関係を表しています。表を参考にして，下の①～⑥の歩合を，小数か整数と，百分率で表しましょう。

割合を表す小数・整数	1	0.1	0.01	0.001
百分率	100%	10%	1%	0.1%
歩合	10割	1割	1分	1厘

歩合　　　　　　　小数か整数　　　　百分率

① 3割　　　　　（　　　　　）（　　　　　　　）

② 2割　　　　　（　　　　　）（　　　　　　　）

③ 1割5分　　　（　　　　　）（　　　　　　　）

④ 10割　　　　（　　　　　）（　　　　　　　）

⑤ 2割8分6厘　（　　　　　）（　　　　　　　）

⑥ 3割5分7厘　（　　　　　）（　　　　　　　）

1　380mL のジュースがあります。果じゅうが30%ふくまれています。
　このジュースに入っている果じゅうは何mL ですか。

式

答え _____

2　5年生の人数は120人で，その中で習いごとをしている人の割合は45% です。
　習いごとをしている人は何人ですか。

式

答え _____

3　600円の色えんぴつセットを，もとのねだんの80% で買いました。
　代金は何円でしたか。

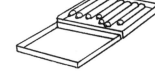

式

答え _____

14 割合
百分率の問題 (2)

名前

1　定員 40 人のバスに，定員の 80% の人が乗っています。
　　このバスに乗っている人は何人ですか。

式

答え _____

2　図書館には 1500 さつの本があります。
　　そのうち 14% は絵本です。
　　図書館にある絵本は何さつですか。

式

答え _____

3　りつさんは，4500 円のくつを，
　　もとのねだんの 85% のねだんで買いました。
　　代金はいくらでしたか。

式

答え _____

---

14 割合
百分率の問題 (3)

名前

1　定価 3500 円のセーターを
　　定価の 80% のねだんで買いました。
　　代金はいくらでしたか。

式

答え _____

2　定員 48 人のバスに，定員の 125% の人が
　　乗っています。
　　このバスに乗っている人は何人ですか。

式

答え _____

3　ジュースが 1L あります。このジュースには 5% の果じゅうが
　　ふくまれています。
　　このジュースに入っている果じゅうは何 mL ですか。

式

答え _____

14 割合
百分率の問題 (4)

名前

① ポテトチップスが増量（ぞうりょう）になって，1ふくろ180gで売られています。
180gは，増量前の量の120%にあたります。
増量前のポテトチップスは1ふくろ何gですか。

式

答え

② ポップコーンが増量になって，1ふくろ150gで売られています。
150gは，増量前の量の125%にあたります。
増量前のポップコーンは1ふくろ何gですか。

式

答え

③ あるスーパーでは，今日，トマト1パックが153円で売られています。このねだんは，昨日のねだんの90%にあたります。
昨日のトマト1パックのねだんはいくらでしたか。

式

答え

---

14 割合
百分率の問題 (5)

名前

① 科学クラブの入部希望者は48人で，これは定員の150%にあたります。
科学クラブの定員は何人ですか。

式

答え

② れいなさんの学校の5年生は96人で，これは学校全体の15%です。
れいなさんの学校の全校の児童数は何人ですか。

式

答え

③ 公園のすな場は30m²で，これは公園全体の約7%にあたります。
公園全体の面積は約何m²ですか。
答えは，四捨五入（ししゃごにゅう）して，整数で求めましょう。

式

答え

14 割合
百分率の問題 (6)

① 東京都の森林面積は約 760km² で，都の面積の約 36% にあたるそうです。
　東京都の面積は，約何 km² ですか。四捨五入して，上から 2 けたのがい数で表しましょう。

式

答え _____

② 福岡県の子どもの人口は，約 720000 人で，これは県の人口の約 14% にあたるそうです。福岡県の人口は，約何人ですか。四捨五入して，上から 2 けたのがい数で表しましょう。

式

答え _____

③ 水分を 223g ふくんでいるももがあります。
　これは，もも全体の重さの約 88% です。
　このももの重さは約何 g ですか。四捨五入して，上から 2 けたのがい数で表しましょう。

式

答え _____

---

14 割合
練習 (1)

① 小数や整数で表した割合を，百分率で表しましょう。

① 0.04 （　　　　　）　　② 0.5 （　　　　　）

③ 2 （　　　　　）　　④ 0.48 （　　　　　）

⑤ 1.7 （　　　　　）　　⑥ 0.375 （　　　　　）

② 百分率で表した割合を，小数や整数で表しましょう。

① 5% （　　　　　）　　② 62% （　　　　　）

③ 20% （　　　　　）　　④ 100% （　　　　　）

⑤ 270% （　　　　　）　　⑥ 4.7% （　　　　　）

③ 次の答えを求めましょう。

① 7.5m をもとにした，6m の割合は何 % ですか。

式

答え _____

② 12kg の 40% は何 kg ですか。

式

答え _____

14 割合
練習（2）

名前

● 次の答えを求めましょう。

① 200人をもとにすると，140人は何％ですか。

式

答え _____

② 25mをもとにした，35mの割合は何％ですか。

式

答え _____

③ 28m²の60％は何m²ですか。

式

答え _____

④ 800円の75％は何円ですか。

式

答え _____

⑤ 14Lが全体の40％にあたる水そうの水は，何Lですか。

式

答え _____

⑥ 4m²の花だんが20％にあたる庭全体の面積は，何m²ですか。

式

答え _____

14 割合
練習（3）

名前

1 ある農家の畑全体60aのうち，
9aがじゃがいも畑です。
　じゃがいも畑は，畑全体の何％ですか。

式

答え _____

2 ある農家では，畑全体の25％にあたる
550m²をキャベツ畑としました。
　畑全体の面積は何m²ですか。

式

答え _____

3 80人が定員の電車に，定員の120％にあたる人が乗っています。
　電車に乗っている人は何人ですか。

式

答え _____

4 列車に28人が乗っています。これは列車の定員の35％に
あたります。この列車の定員は何人ですか。

式

答え _____

14 割合
わりびき，わりましの問題 (1)

① 1800円のシャツを，20%びきのねだんで買いました。
　代金はいくらですか。

式

答え _____

② クレヨンセット750円が30%びきのねだんで売っています。
　何円になっていますか。

式

答え _____

③ 1500円の入園料が，特別に25%びきになっています。
　入園料はいくらですか。

式

答え _____

14 割合
わりびき，わりましの問題 (2)

① ぼうしの仕入れのねだんは1600円でした。
　利益を40%加えて売ります。
　売るねだんはいくらですか。

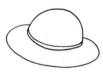

式

答え _____

② いつもは120g入りのおかしが，25%増量になっています。
　何gになっていますか。

式

答え _____

③ 20000円の電気製品があります。消費税（10%）を加えると，
　支はらう金がくは，何円になりますか。

式

答え _____

14 割合
わりびき，わりましの問題 (3)

名前

● A店とB店では同じパンを売っています。
A店は，どのパンも50円びきにしました。
B店は，どのパンも2わりびきにしました。
（2わりびきは，20%びきのこと）
次のパンを買うとき，
A店，B店のどちらのほうがお得ですか。

① 200円のパンを1個買う場合

A店

B店

お得なのは _____

② 250円のパンを1個買う場合

A店

B店

お得なのは _____

③ 300円の食パンを1個買う場合

A店

B店

お得なのは _____

14 ふりかえり・たしかめ (1)
割合

名前

1 表のあいているところに，あてはまる数を書きましょう。

割合を表す小数や整数		0.7			0.05
百分率	25%		100%	152%	

2 □にあてはまることばや数を書きましょう。

① 割合 = 比べられる量 ÷ [　　　　　]

② 比べられる量 = [　　　　　] × 割合

③ もとにする量 = [　　　　　] ÷ [　　　]

④ 6mは，15mの [　　] %です。

⑤ 24Lの20%は，[　　] Lです。

⑥ 8kgが25%にあたる重さは，[　　] kgです。

⑦ 30kgは40kgの [　　] %です。

⑧ 21人が定員の42%にあたるときの定員は，[　　] 人です。

14 ふりかえり・たしかめ (2)
割合

名前

① かずきさんは，サッカーのシュートの練習をしました。
50回シュートをして，37回成功しました。
シュートが成功した割合は，何％ですか。

式

答え

② 町の中央にある公園は，2000m² で，
そのうちの 8％ が花だんです。
花だんの面積は何 m² ですか。

式

答え

③ たいがさんの学校で虫歯のある人は，57人です。
これは，全校児童の 30％ にあたります。
たいがさんの学校の児童数は，何人ですか。

式

答え

14 ふりかえり・たしかめ (3)
割合

名前

① □ にあてはまる数を書きましょう。

① 20mの40％は □ m です。

② 18L は，30L の □ ％ です。

③ 6m が 15％ にあたるテープの長さは，□ m です。

② 昨日は，りんご1ふくろが450円でした。今日になると，
それを 20％ びきで売っていたので買いました。
代金はいくらですか。

式

答え

③ Tシャツの仕入れのねだんは 800円でした。
利益を 40％ 加えて売ります。
売るねだんはいくらですか。

式

答え

14 まとめのテスト
割合

月　日

名前

[知識・技能]

① ゆいとさんがピッチャーの練習をしました。25球投げたうちで、17球がストライクでした。ストライクが入った割合を求めましょう。(5×2)

式

答え _____

② 小数で表した割合を百分率に、百分率で表した割合を小数に直しましょう。(5×5)

① 0.8

② 0.49

③ 0.02

④ 125%

⑤ 5%

③ □にあてはまる数を書きましょう。(5×3)

① 32mは、80mの □ %です。

② 40kgの60%は □ kgです。

③ 20%が40cmのテープの長さは、□ cmです。

[思考・判断・表現]

④ 庭の面積は75m²で、そのうち30m²は花だんです。庭全体の面積をもとにして、花だんの割合を百分率で表しましょう。(5×2)

式

答え _____

⑤ 350mLのジュースがあります。果じゅうが20%ふくまれています。このジュースに入っている果じゅうは何mLですか。(5×2)

式

答え _____

⑥ ジュースが増量されて、200mLで売られています。これは増量前の量の125%にあたります。増量前のジュースの量は何mLですか。(5×2)

式

答え _____

⑦ 700円のファイルを20%びきで買いました。代金はいくらですか。(5×2)

式

答え _____

⑧ バッグの仕入れねだんは1000円でした。利益を30%加えて売ります。売るねだんは何円ですか。(5×2)

式

答え _____

56

● 下の2つのグラフは，好きな給食のメニューを調べた結果を表したものです。下の問いに答えましょう。

⑦　好きな給食のメニュー

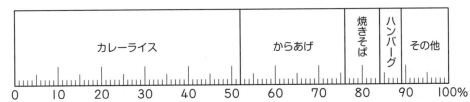

| カレーライス | からあげ | 焼きそば | ハンバーグ | その他 |

0　10　20　30　40　50　60　70　80　90　100(%)

① 好きな給食のメニュー

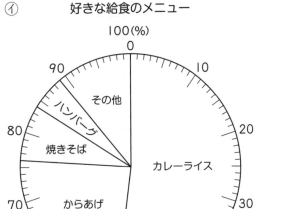

① ⑦と①は，それぞれ何というグラフですか。

⑦　（　　　　　　　　）

①　（　　　　　　　　）

② ⑦と①のグラフは，下のどちらを表していますか。
◯ で囲みましょう。

（　好きな給食メニューの人数　・　好きな給食メニューの人数の割合　）

③ カレーライスは，からあげのおよそ何倍ですか。　（　　　　　　　）

● 下のグラフは，ある年のキウイフルーツの都道府県別 収かく量の割合を表したものです。

① 各部分の割合は，それぞれ何％ですか。

愛　媛　[　　　] ％

福　岡　[　　　] ％

和歌山　[　　　] ％

神奈川　[　　　] ％

静　岡　[　　　] ％

キウイフルーツの
都道府県別 収かく量の割合
（2019年）

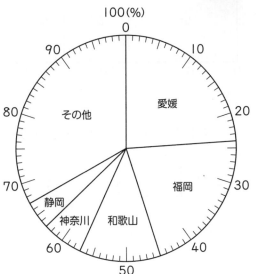

② 愛媛は，和歌山の何倍になっていますか。

（　　　　　　　）

③ 愛媛，福岡，和歌山，神奈川，静岡をあわせると，全体のおよそ何分の二になりますか。また，何％ですか。

（ 2/　）,（　　　）％

● 下のグラフは，ある年のぶどうの都道府県別
収かく量の割合を表したものです。

ぶどうの都道府県別 収かく量の割合 (2017年)

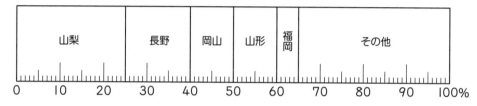

① 各部分の割合は，それぞれ何 % ですか。

山梨 [　　] %　　　長野 [　　] %　　　岡山 [　　] %

山形 [　　] %　　　福岡 [　　] %

② 山梨は，福岡の何倍になっていますか。　（　　　　　　）

③ 山梨，長野，岡山をあわせると，
全体の何分の一になっていますか。　（　　　　　　）

④ 山梨，長野，岡山，山形，福岡の
5県をあわせると，何 % になりますか。　（　　　　　　）

● 低学年の50人に，好きなスポーツを1つだけ選んでもらいました。
下の表は，それをまとめたものです。

① それぞれの人数が全体の何 % になるかを求めて，表に書きましょう。

② 表の割合を，円グラフや帯グラフにかきましょう。

好きなスポーツ (低学年)

スポーツ名	人数（人）	百分率（%）
水　泳	23	
サッカー	12	
野　球	7	
たっ球	3	
その他	5	
合　計	50	

好きなスポーツ (低学年)

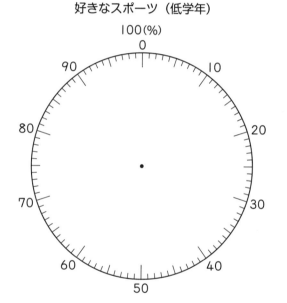

好きなスポーツ (低学年)

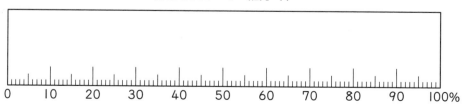

● 中学年の60人に，好きなスポーツを1つだけ選んでもらいました。下の表は，それをまとめたものです。

① それぞれの人数が全体の何％になるかを求めて，表に書きましょう。

② 表の割合を，円グラフや帯グラフにかきましょう。

好きなスポーツ（中学年）

スポーツ 名	人数 (人)	百分率 (%)
水泳	18	
サッカー	15	
野球	12	
たっ球	8	
バスケット ボール	3	
その他	4	
合計	60	

好きなスポーツ（中学年）

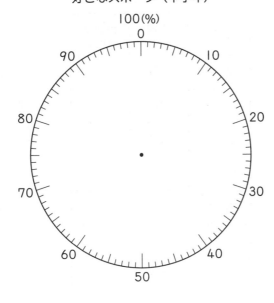

※わりきれない場合は，四捨五入して，百分率を整数で表しましょう。

好きなスポーツ（中学年）

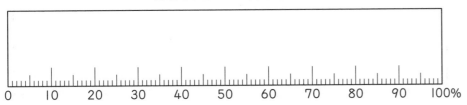

● 高学年の90人に，好きなスポーツを1つだけ選んでもらいました。下の表は，それをまとめたものです。

① それぞれの人数が全体の何％になるかを求めて，表に書きましょう。

② 表の割合を，円グラフや帯グラフにかきましょう。

好きなスポーツ（高学年）

スポーツ 名	人数 (人)	百分率 (%)
水泳	13	
サッカー	18	
野球	20	
たっ球	8	
バスケット ボール	22	
その他	9	
合計	90	

好きなスポーツ（高学年）

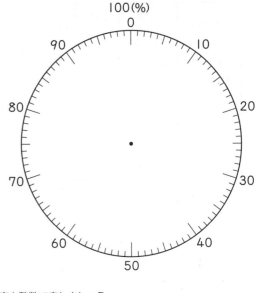

※わりきれない場合は，四捨五入して，百分率を整数で表しましょう。
※合計が100％にならない場合は，
　いちばん大きい部分か「その他」で調整しましょう。
※割合の大きい順にグラフに表しましょう。

好きなスポーツ（高学年）

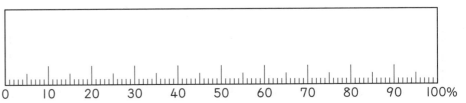

15 帯グラフと円グラフ
帯グラフと円グラフ（7）

● 外食で食べたい料理を，アンケートで1つずつ選んでもらいました。
　下の表は，それをまとめたものです。

① それぞれの人数が全体の何％になるかを求めて，表に書きましょう。

② 表の割合を，円グラフや帯グラフにかきましょう。

外食で食べたい料理

料理名	人数 （人）	百分率 （％）
す　し	24	
焼き肉	20	
カレー	4	
ラーメン	16	
ハンバーガー	8	
その他	8	
合　計	80	

※割合の大きい順にグラフに
　表しましょう。

外食で食べたい料理

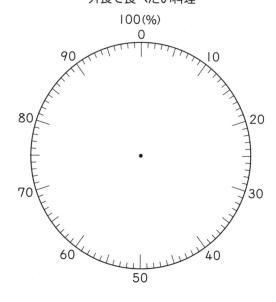

外食で食べたい料理

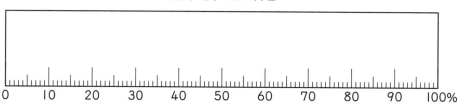

---

15 帯グラフと円グラフ
帯グラフと円グラフ（8）

● 下の表は，ある日に図書室で75人が借りた本の種類ごとの人数
をまとめたものです。

① それぞれの人数が全体の何％になるかを求めて，表に書きましょう。

② 表の割合を，円グラフや帯グラフにかきましょう。

借りた本の種類

種類名	人数 （人）	百分率 （％）
絵　本	15	
物　語	24	
伝　記	12	
歴　史	6	
図かん	10	
その他	8	
合　計	75	

※わりきれない場合は，四捨五入して，
　百分率を整数で表しましょう。
※割合の大きい順にグラフに
　表しましょう。

借りた本の種類

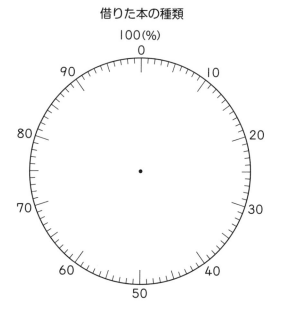

借りた本の種類

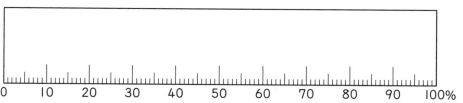

● 下の帯グラフは，20年前と今の5年生に，「好きなスポーツ」についてアンケートをした結果をまとめたものです。
　下の問いに答えましょう。

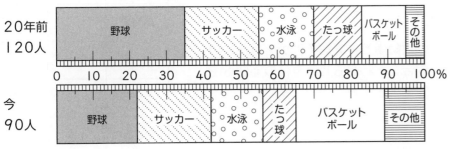

好きなスポーツ（5年生）

① 野球が好きな人の割合は，何％から何％になりましたか。

　　　　　　　　　　　[　　　]％から[　　　]％

② 20年前と比べて，いちばん割合が増えているのは何ですか。
　また，それは何倍になっていますか。

　　　　　　　　　（　　　　　　　　　　）で，（　　　）倍

③ サッカーが好きな人の割合は，20年前も今も20％ですが，人数も同じですか。人数を求めましょう。

　　20年前　式

　　　　　　　　　　　　　　　　答え

　　　今　　式

　　　　　　　　　　　　　　　　答え

● 下の帯グラフは，2年生と5年生が図書室で借りた本の種類について調べた結果をまとめたものです。
　下の問いに答えましょう。

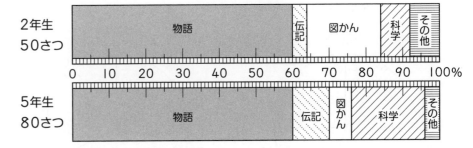

借りた本の種類

① 5年生のほうが割合が2倍以上になっているのは，何と何ですか。

　　　　　　　　　（　　　　　　），（　　　　　　）

② 5年生のほうが割合が減っているのは何ですか。

　　　　　　　　　　　　　　　（　　　　　　）

③ 物語の割合は，2年生も5年生も60％ですが，さっ数も同じですか。それぞれさっ数を求めましょう。

　　2年生　式

　　　　　　　　　　　　　　　　答え

　　5年生　式

　　　　　　　　　　　　　　　　答え

● 下の円グラフは，1年生と5年生で「好きな食べ物」について調べてまとめたものです。
　下の問いに答えましょう。

好きな食べ物

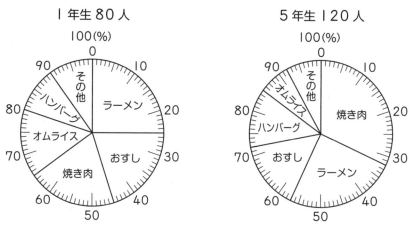

1年生80人

5年生120人

① おすしが好きな人はそれぞれ何％ですか。

1年生 ☐ ％　　　5年生 ☐ ％

② 1年生と5年生で，割合が同じものは何ですか。また，その食べ物のそれぞれの人数を求めましょう。

（　　　　　　　　　　　）

1年生　式

答え ＿＿＿＿＿＿＿＿

5年生　式

答え ＿＿＿＿＿＿＿＿

● 右の表は，2学期にけがをした場所別の人数とその割合を調べてまとめたものです。

けがをした場所別の人数と割合

場　所	人数 (人)	百分率 (%)
運動場	76	
体育館		26
教　室	24	
ろう下		19
その他	10	5
合　計	200	100

① 右の表のあいているところに，あてはまる数を書きましょう。

② 運動場と体育館でけがをした人の割合をあわせると，全体の60％をこえますか。

（　　　　　　　　　）

③ 運動場でけがをした人は，ろう下でけがをした人の何倍ですか。

（　　　　　）倍

④ けがをした場所別の人数の割合を，右の円グラフにかきましょう。

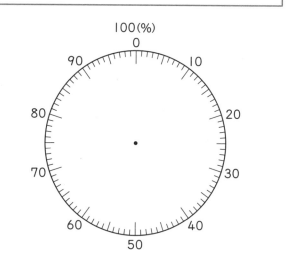

15 まとめのテスト
帯グラフと円グラフ

[知識・技能]

1 下の帯グラフは、好きな給食の割合を表したものです。下の問いに答えましょう。(5×5)

好きな給食メニュー(200人)

| カレー | からあげ | ハンバーグ | 焼きそば | グラタンシチュー | その他 |

（目盛り 0 10 20 30 40 50 60 70 80 90 100 %）

① 次のメニューの割合は何％ですか。

からあげ [ ]%

ハンバーグ [ ]%

焼きそば [ ]%

② カレーが好きな人は何人ですか。

式

答え _____

2 下の表は、5年生50人に好きな教科を選んでもらった結果です。表のあいているところに、あてはまる数を書きましょう。また、好きな教科の割合を下の円グラフにかきましょう。(表5×3, 円グラフ10)

好きな教科の人数と割合(5年生50人)

教科名	人数(人)	百分率(%)
算 数	20	
体 育	14	
音 楽	8	
国 語	5	10
その他	3	6
合 計	50	100

好きな教科の割合(5年生)

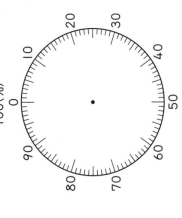

[思考・判断・表現]

3 下のグラフは、3年生と5年生が図書室で借りた本の数の種類別の割合を表したものです。下の問いに答えましょう。

図書室で借りた本の数の割合

3年生(200さつ): 物語／伝記／科学／図かん／その他（0 10 20 30 40 50 60 70 80 90 100 %）

5年生(150さつ): 物語／伝記／科学／図かん／その他（0 10 20 30 40 50 60 70 80 90 100 %）

① 3年生、5年生それぞれで、物語は科学の何倍ですか。(5×2)

3年生 [ ]倍　　5年生 [ ]倍

② 次の⑦、①の意見は正しいですか。確かめてからどちらかに○をつけましょう。

⑦ 図かんの割合は、3年生が5年生の2倍になっている。(5×3)

3年生の図かんの割合 [ ]%

5年生の図かんの割合 [ ]%

(正しい ・ 正しくない)

① 伝記の割合は、3年生より5年生のほうが多いから、借りているさつ数も5年生のほうが多い。(5×5)

3年生の伝記のさつ数 [ ]さつ

式

5年生の伝記のさつ数 [ ]さつ

式

(正しい ・ 正しくない)

名前

月　日

● 長さの等しいぼうで，下の図のように正方形を作って，横にならべていきます。

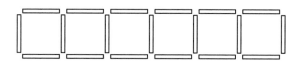

① 正方形が次の数のときの，ぼうは何本ですか。

㋐ 正方形が 1 こ 　　　本　　㋑ 正方形が 2 こ 　　　本

㋒ 正方形が 3 こ 　　　本

② 正方形の数 □ ごと，ぼうの数 ○ 本の関係を表にしましょう。

正方形の数 □ (こ)	1	2	3	4	5	6	
ぼうの数 ○ (本)							

③ ぼうの数 ○ 本は，正方形の数 □ こに比例していますか。
また，そう考えた理由も書きましょう。

(　比例している 　・ 　比例していない 　)

どちらかに○をつけよう。

理由

● 長さの等しいぼうで，右の図のように正方形を作って，横にならべていきます。

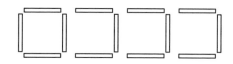

正方形の数 □ こと，ぼうの数 ○ 本の関係を表にすると，下のようになります。下の問いに答えましょう。

正方形の数 □ (こ)	1	2	3	4	5	6	
ぼうの数 ○ (本)	4	7	10	13	16	19	

① 正方形の数が 1 こ増えるごとに，ぼうの数は何本ずつ増えていますか。　　　(　　　　　　)

② 正方形の数 □ こと，ぼうの数 ○ 本の関係を式に表します。
(　)にあてはまる数を書きましょう。

1 ＋ (　　　) × □ ＝ ○

③ ②の式を使って，次のときのぼうの本数を求めましょう。

㋐ 正方形が 10 このとき

式

答え

㋑ 正方形が 20 このとき

式

答え

● 長さの等しいぼうで，下の図のように正三角形を作って，横にならべていきます。

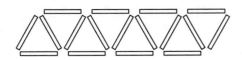

① 正三角形が次の数のときの，ぼうは何本ですか。

㋐ 正三角形が1こ　□ 本　　㋑ 正三角形が2こ　□ 本

㋒ 正三角形が3こ　□ 本

② 正三角形の数 □ ことぼうの数 ○ 本の関係を表にしましょう。

正三角形の数 □(こ)	1	2	3	4	5	6	
ぼうの数 ○(本)							

③ 正三角形の数が1こ増えるごとに，ぼうの数は何本ずつ増えていますか。　（　　　　　　　）

④ ぼうの数 ○ 本は，正三角形の数 □ こに比例していますか。

（　比例している　・　比例していない　）  どちらかに ○ をつけよう。

● 長さの等しいぼうで，右の図のように正三角形を作って，横にならべていきます。

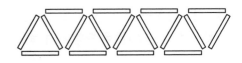

正三角形の数 □ こと，ぼうの数 ○ 本の関係を表にすると，下のようになります。下の問いに答えましょう。

正三角形の数 □(こ)	1	2	3	4	5	6	
ぼうの数 ○(本)	3	5	7	9	11	13	

① 正三角形の数 □ こと，ぼうの数 ○ 本の関係を式に表します。（　）にあてはまる数を書きましょう。

$$1 + (\quad) \times \square = ○$$

② ①の式を使って，次のときのぼうの本数を求めましょう。

㋐ 正三角形が17このとき

式

答え _____

㋑ 正三角形が23このとき

式

答え _____

㋒ 正三角形が46このとき

式

答え _____

16 変わり方調べ
変わり方調べ（5）

● 110円の下じき1まいと，1本80円のえんぴつを何本か
　買ったときの代金を求めます。

① えんぴつの本数を □本，代金を ○円として，
　　変わり方を表に書きましょう。

えんぴつの数 □（本）	1	2	3	4	5	6	
代　金 ○（円）							

② えんぴつの数 □本と，代金 ○円の関係を式に表します。
　　（　）にあてはまる数を書きましょう。

　　110 ＋（　　　　）× □ ＝ ○

③ ②の式を使って，次のときの代金を求めましょう。

　⑦ えんぴつが 12本のとき

　　式

　　　　　　　　　　　　　　　　答え ＿＿＿＿＿＿＿＿

　④ えんぴつが 20本のとき

　　式

　　　　　　　　　　　　　　　　答え ＿＿＿＿＿＿＿＿

---

16 ふりかえり・たしかめ
変わり方調べ

● 同じつくえを横にならべて，下の図のようにすわっていきます。

① つくえの数を □台，すわる人数を ○人として，
　　変わり方を表に書きましょう。

つくえの数 □（台）	1	2	3	4	5	6	
すわる人数 ○（人）							

② つくえの数 □台と，すわる人数 ○人の関係を式に表します。
　　（　）にあてはまる数を書きましょう。

　　2 ＋（　　　　）× □ ＝ ○

③ つくえの数が次のときの人数を求めましょう。

　⑦ 8台

　　式

　　　　　　　　　　　　　　　　答え ＿＿＿＿＿＿＿＿

　④ 15台

　　式

　　　　　　　　　　　　　　　　答え ＿＿＿＿＿＿＿＿

66

16 まとめのテスト
変わり方調べ

【思考・判断・表現】

名前

□ 長さの等しいぼうで、下の図のように正方形を作って、横にならべていきます。

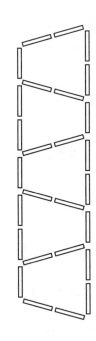

① 正方形の数□こと、ぼうの数○本の関係を表にします。あいているところに数を書きましょう。(20)

正方形の数□(こ)	1	2	3	4	5	6
ぼうの数○(本)	4					

② 正方形の数□こと、ぼうの数○本の関係を式に表します。
( )にあてはまる数を書きましょう。(10)

1 ＋ ( ) × □ ＝ ○

③ 正方形の数が次のときの、ぼうの本数を求めましょう。(5×4)

⑦ 15こ

式

答え _____

① 43こ

式

答え _____

---

② 長さの等しいぼうで、下の図のように台形を作って、横にならべていきます。

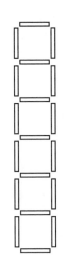

① 台形の数□こと、ぼうの数○本の関係を表にします。あいているところに数を書きましょう。(20)

台形の数□(こ)	1	2	3	4	5	6
ぼうの数○(本)	7					

② 台形の数□こと、ぼうの数○本の関係を式に表します。
( )にあてはまる数を書きましょう。(10)

2 ＋ ( ) × □ ＝ ○

③ 台形の数が次のときの、ぼうの本数を求めましょう。(5×4)

⑦ 18こ

式

答え _____

① 35こ

式

答え _____

□1 下の多角形は，辺の長さも角の大きさもすべて等しい正多角形です。
（　　）に名前を書きましょう。

①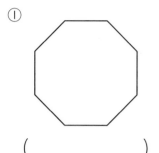

（　　　　　　）

②

（　　　　　　）

③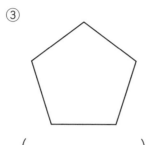

（　　　　　　）

④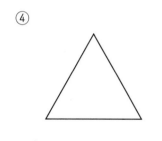

（　　　　　　）

⑤

（　　　　　　）

⑥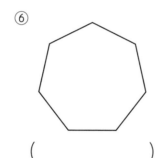

（　　　　　　）

□2 ひし形は，4本の辺の長さが等しい四角形です。
正多角形といえますか。（　　）の中のどちらかに
○をつけましょう。また，その理由も書きましょう。

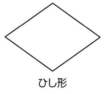
ひし形

（　　いえる　　・　　いえない　　）

理由

● 円を使って正八角形をかきます。

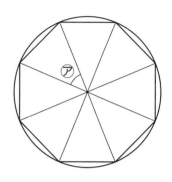

① 中心の角を8等分します。
㋐の角度を何度にすればいいですか。

式

答え＿＿＿＿＿＿＿＿

② 下の円を使って，正八角形をかきましょう。

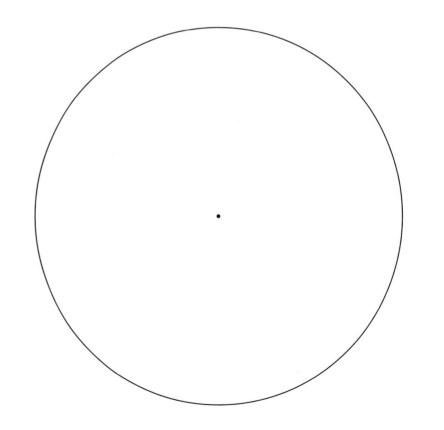

● 円を使って正五角形をかきます。

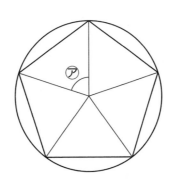

① 中心の角を5等分します。
　㋐の角度を何度にすればいいですか。

式

　　　答え ＿＿＿＿＿＿＿＿＿＿

② 下の円を使って，正五角形をかきましょう。

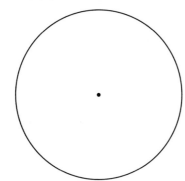

③ 正五角形をかいた方法で，正六角形をかきましょう。

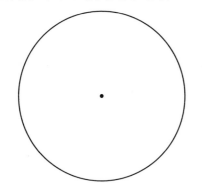

● 正六角形を，コンパスを使ってかいてみましょう。

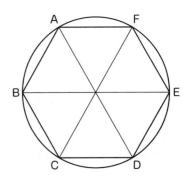

① 右の図を見て，（　）に
　あてはまることばを書きましょう。

正六角形にできる6つの三角形は，

合同な（　　　　　　　　　）です。

だから，辺の長さと角の大きさは

（　　　　　　　）です。

正六角形の1辺の長さは，円の（　　　　　　　　）と同じ長さです。

② 円のまわりをコンパスで等しく区切って，正六角形をかきましょう。

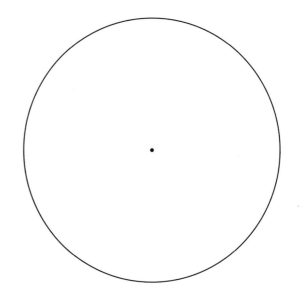

① □ には，あてはまることばを，（　）には数字を，下の □ から
選んで書きましょう。（同じことばや数字を 2 回使ってもいいです。）

① 円のまわりを ☐☐☐☐ といいます。

② どんな大きさの円でも，円周の長さ÷直径＝約（　　　　）です。

③ 円周の長さが，直径の何倍になっているかを表す数を ☐☐☐☐

といい，約（　　　　）倍です。

④ 円周の長さは，次の式で求められます。

円周の長さ＝ ☐☐☐☐ × ☐☐☐☐

> 円周　　直径　　半径　　円周率　　直径率　　3.56　　3.14

② 次の円の円周の長さを求めましょう。

式

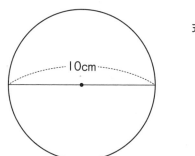

答え

● 次の円の円周の長さを求めましょう。

①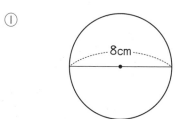

式

答え

②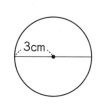

式

答え

③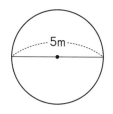

式

答え

④

式

答え

⑤ 直径 20cm の円

式

答え

⑥ 半径 1m の円

式

答え

1　下の円の，円周の長さを求めましょう。

①　運動場にひいた直径 18m の円

式

答え

②　半径 1cm の 1 円玉

式

答え

2　円周が次の長さの，円の直径を求めましょう。
　わりきれない場合は，答えは四捨五入して，$\frac{1}{10}$ の位までの
がい数で求めましょう。

①　円周の長さが 15.7cm の円

式

答え

②　円周が 50cm の円

式

答え

1　下の円の，円周の長さを求めましょう。

①　直径 7cm の円

式

答え

②　半径 7cm の円

式

答え

2　円周が次の長さの，直径と半径の長さを求めましょう。

①　円周が 18.84cm

式

答え 直径

半径

②　円周が 34.54cm

式

答え 直径

半径

③　円周が 47.1cm

式

答え 直径

半径

④　円周が 50.24cm

式

答え 直径

半径

月　日

● まわりの長さを求めましょう。

① 式

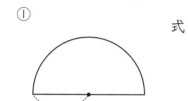

4cm

答え _____

② 式

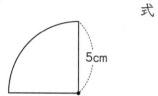

5cm

答え _____

③ 式

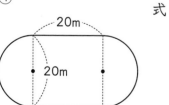

5cm

答え _____

④ 式

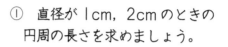

20m

20m

答え _____

月　日

● 右の図のように，円の直径の長さが
1cm，2cm，…と変わると，円周の
長さはどのように変わりますか。

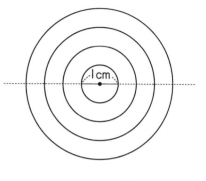

1cm

① 直径が1cm，2cmのときの
円周の長さを求めましょう。

　㋐ 直径が1cmのとき

　　式

　　答え _____

　㋑ 直径が2cmのとき

　　式

　　答え _____

② 直径の長さを□cm，円周の長さを○cmとして，円周の長さを
求める式を書きましょう。

（　　　　　　　　　　　　　　　　）

③ 直径が1cm，2cm，…と変わると，円周○cmはどう変化するか
表にまとめましょう。

直径 □(cm)	1	2	3	4	5	6	
円周 ○(cm)							

④ 円周の長さは，直径の長さに比例しますか。○をつけましょう。

（　　比例する　・　比例しない　）

72

● 右の図のように，円の直径の長さが 1cm，2cm，…と変わると，円周の長さはどのように変わりますか。

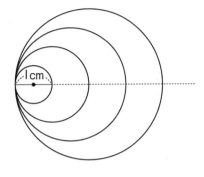

① 直径が 1cm，2cm，…と変わると，円周○cmはどう変化するか表にまとめましょう。

直径 □(cm)	1	2	3	4	5	6	
円周 ○(cm)							

② 直径の長さが 2 倍，3 倍になると，円周の長さはどうなりますか。

(　　　　　　　　　　　　　　　　　　　)

③ 円周の長さは，直径の長さに比例しますか。○をつけましょう。

(　比例する　・　比例しない　)

④ 直径が 12cm のときの円周の長さは，直径が次の長さのときの円周の長さの何倍ですか。

　⑦ 直径が 6cm のときの (　　　) 倍

　① 直径が 3cm のときの (　　　) 倍

　⑦ 直径が 4cm のときの (　　　) 倍

● 世界一の観らん車がドバイにできます。右の図のようです。

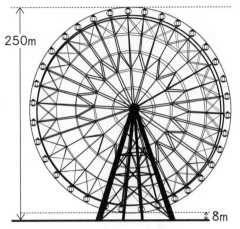

250m

8m

① この観らん車のゴンドラが回転する部分の直径は何 m ですか。

式

答え＿＿＿＿＿＿＿＿＿＿

② この観らん車が一周すると，ゴンドラに乗った人は，何 m 動いたことになりますか。
　　答えは，四捨五入して，整数で表しましょう。

式

答え＿＿＿＿＿＿＿＿＿＿

③ ゴンドラが分速 20m で動くと，1 周するのに何分かかりますか。

式

答え＿＿＿＿＿＿＿＿＿＿

73

● 右の図のように，地球の半径は約6000kmとして，下の問いに答えましょう。

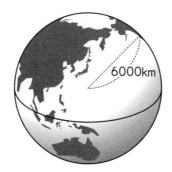

6000km

① 地球 1 周は何 km ですか。
　また，それは何 m ですか。

式

答え　　　　　　　km　　　　　　　m

② 右の図のように，地上から 1 m 高いところで，地球 1 周の長さを測（はか）ります。地球 1 周は何 m になりますか。

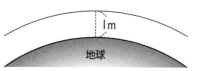

1m

地球

式

答え　　　　　　　　　　　m

③ 地上から 1 m 高いところで地球 1 周の長さを測ると，地上で測った長さよりどれだけ長くなりますか。

式

答え　　　　　　　　　　　m

① 下の円を使って，正八角形と正五角形をかきましょう。

①　正八角形

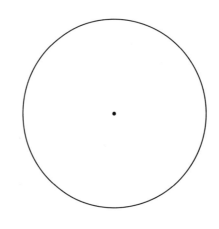

②　正五角形

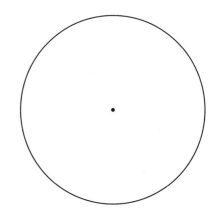

② 次の円の円周の長さを求めましょう。

①

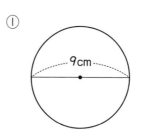

9cm

式

答え

②

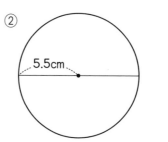

5.5cm

式

答え

① 円周が次の長さの，円の半径を求めましょう。

① 円周 6.28cm

式

答え _____

② 円周 43.96cm

式

答え _____

② 下の図のまわりの長さを求めましょう。

①

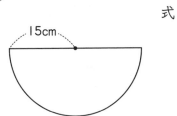

式

答え _____

②

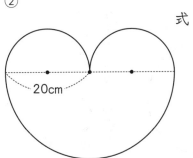

式

答え _____

● それぞれ右の図で，外側の円の円周の長さは，内側の円の円周の
長さの何倍ですか。
　また，ちがいは何cm ですか。

①

式

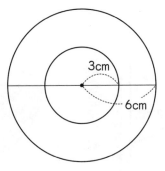

答え ___ 倍, ちがいは ___ cm

②

式

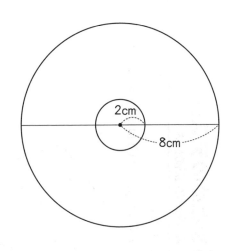

答え ___ 倍, ちがいは ___ cm

名前

17 まとめのテスト
正多角形と円周の長さ

[知識・技能]

① 正五角形の⑦の角度は何度ですか。(5×2)

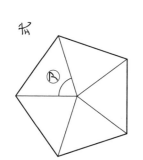

式

答え ＿＿＿＿＿＿＿

② 円を使って、正六角形をかきましょう。(10)

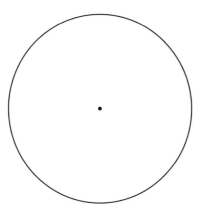

③ 次の円の、円周の長さを求めましょう。(5×4)

①

6cm

式

答え ＿＿＿＿＿＿＿

②
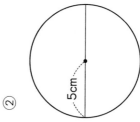
5cm

式

答え ＿＿＿＿＿＿＿

④ 円周が47.1cmの円の、直径の長さを求めましょう。(5×2)

式

答え ＿＿＿＿＿＿＿

[思考・判断・表現]

⑤ 次の図形のまわりの長さを求めましょう。(5×6)

①
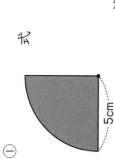
5cm

式

答え ＿＿＿＿＿＿＿

②
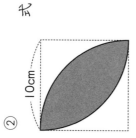
10cm

式

答え ＿＿＿＿＿＿＿

③
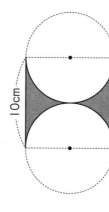
10cm

式

答え ＿＿＿＿＿＿＿

⑥ 直径20cmの円の円周の長さは、直径4cmの円の円周の長さの何倍ですか。(5×2)

式

答え ＿＿＿＿＿＿＿

⑦ 1周200mの観らん車の直径は、何mですか。答えは四捨五入して、$\frac{1}{10}$の位までのがい数で求めましょう。(5×2)

式

答え ＿＿＿＿＿＿＿

● 1組の平面が平行で, 平面だけで囲まれた立体について答えましょう。

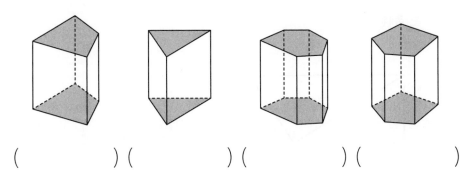

（　　　　　）（　　　　　）（　　　　　）（　　　　　）

① 上の（　）に, 立体の名前を書きましょう。

② 色のついた1組の平行な面を何といいますか。

（　　　　　　　）

③ 色のついていない面を何といいますか。
また, どんな形をしていますか。

（　　　　　　　）　形の名前（　　　　　　　）

④ 色のついた面と, 色のついていない面は, どのように交わっていますか。

（　　　　　　　）

● 角柱についてまとめましょう。

① ㋐〜㋓の立体の名前を書き, それぞれの形や数を書いて, 表にまとめましょう。

	㋐	㋑	㋒	㋓
立体の名前				
底面の形				
側面の形				
側面の数				
頂点の数				
辺の数				

② 直方体や立方体は何という角柱ですか。

（　　　　　　　）

① 下の図の（　）に，円柱の部分の名前を書きましょう。

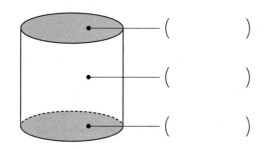

（　　　　　）

（　　　　　）

（　　　　　）

② （　）にあてはまることばを書きましょう。

① 円柱の2つの底面は，合同な円形で，たがいに（　　　　　）な
関係になっています。

② 角柱の側面は，全て平面ですが，円柱の側面は（　　　　　）です。

③ 円柱の底面と側面は，（　　　　　）に交わっています。

④ 右の図の⑦，⑦のように，
2つの底面に（　　　　　）な
直線の長さを（　　　　　）と
いいます。

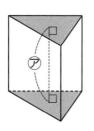
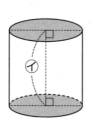

● 角柱の見取図を左側の図と同じように，右にかきましょう。

① 三角柱

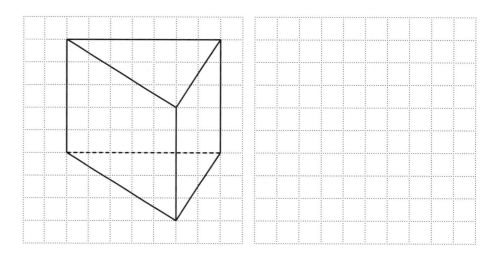

② 四角柱

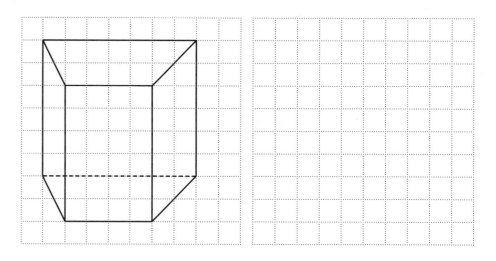

18 角柱と円柱
角柱と円柱（5）

名前

● 円柱の見取図を左側の図と同じように，右にかきましょう。

①

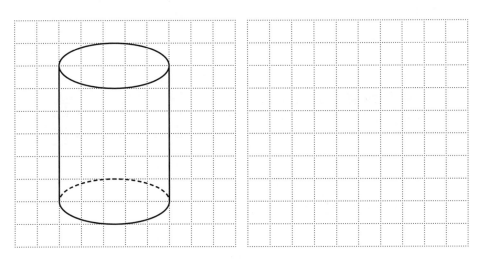

②

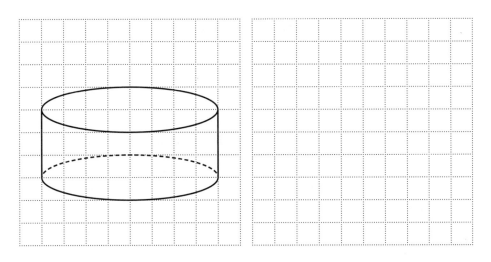

18 角柱と円柱
角柱と円柱の展開図（1）

名前

● 三角柱の展開図の続きをかきましょう。（コンパスも使いましょう。）

①

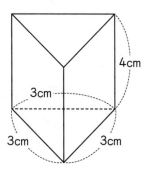

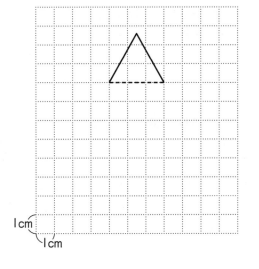

②

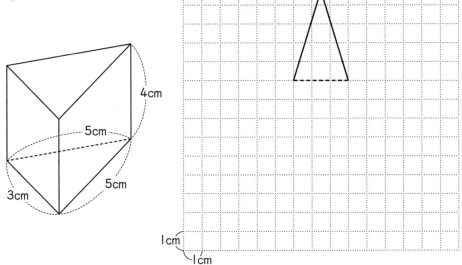

● 右のような角柱があります。

① この角柱は，何という
角柱ですか。

（　　　　　　　　　）

② この角柱の高さは何 cm
ですか。

（　　　　　　　　　）

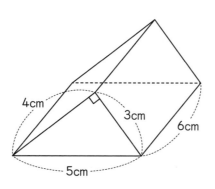

③ この角柱の展開図をかきましょう。

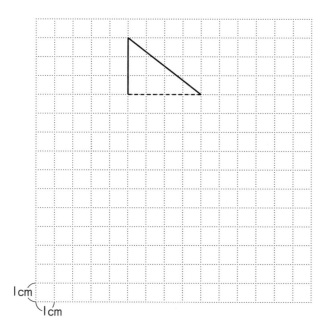

● 右のような角柱があります。

① この角柱は，何という
角柱ですか。

（　　　　　　　　　）

② この角柱の高さは何 cm
ですか。

（　　　　　　　　　）

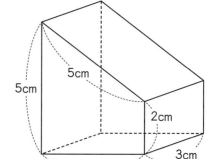

③ この角柱の展開図をかきましょう。

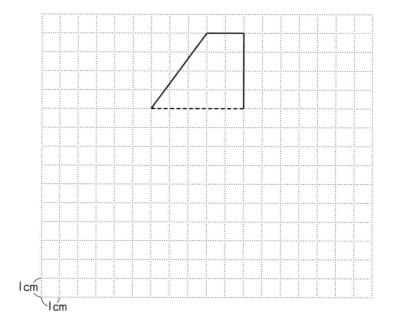

● 右の円柱の展開図を，問いに答えてかきましょう。

① 辺ＡＢの長さは，何 cm ですか。

（　　　　　　　）

② 辺ＡＤは，底面のどの長さと同じですか。

（　　　　　　　）

③ 辺ＡＤの長さを求めましょう。

式

答え＿＿＿＿＿＿＿＿＿＿

④ 展開図の続きをかきましょう。

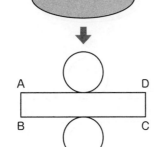

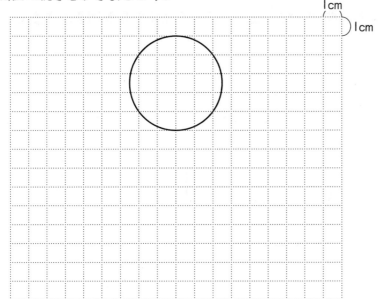

● 下の円柱の展開図の続きをかきましょう。

①

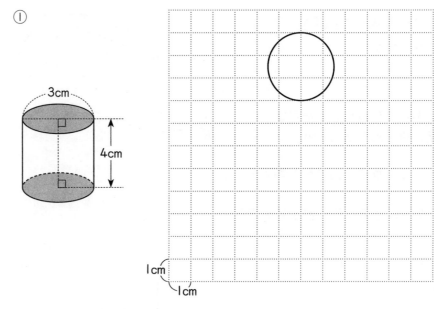

②

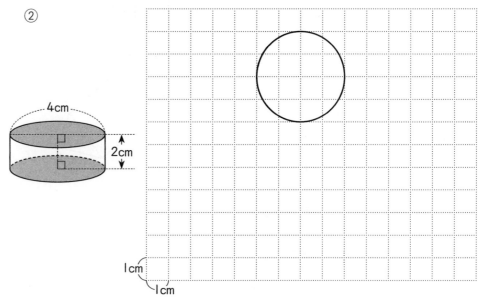

81

① 右のような角柱があります。下の問いに答えましょう。

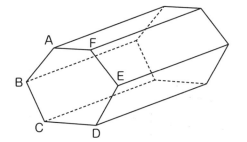

① この角柱は何という
角柱ですか。

（　　　　　　）

② 面ＡＢＣＤＥＦと平行な
面に色をぬりましょう。

③ 底面に垂直な面の数を答えましょう。　（　　　）

④ 底面に垂直な辺の数を答えましょう。　（　　　）

② 右のような展開図を
組み立てます。

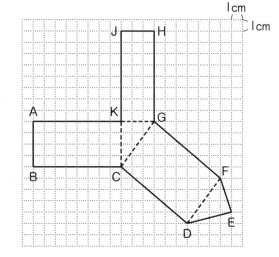

① この角柱は何という
角柱ですか。

（　　　　　　）

② この角柱の高さは
何cmですか。

（　　　　　　）

③ 点Aに集まる点を全部書きましょう。（　　　　　　　　　　）

④ 次の辺に接する辺を書きましょう。

㋐ 辺ＡＢ（　　　　　　　）　　㋑ 辺ＥＦ（　　　　　　　）

① 下の円柱の展開図をかきます。

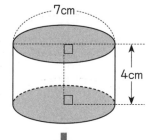

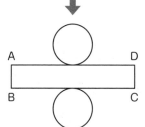

① 底面の円の半径は何cmですか。

（　　　　　　）

② 展開図の側面ＡＢの長さは何cmですか。

（　　　　　　）

③ 展開図の側面ＡＤの長さは何cmですか。

式

答え

② 下の展開図を組み立ててできる立体の見取図をかきましょう。

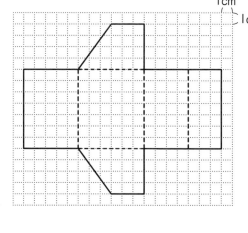

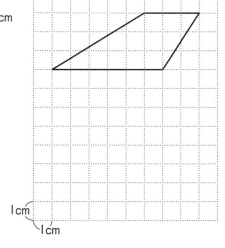

82

18 まとめのテスト
角柱と円柱

名前

月　日

【知識・技能】

1 角柱や円柱について、（　）にあてはまることばを下の◯◯から選んで書きましょう。（同じことばを2回使ってもいいです。）(5×5)

① 角柱と円柱の2つの底面は合同で、（　　　）の関係になっています。

② 角柱の側面の形は（　　　）か、正方形になっています。

③ 円柱の側面は、平面でなく、（　　　）です。

④ 円柱の展開図では、側面は（　　　）です。

⑤ 角柱と円柱の底面と側面は（　　　）に交わっています。

```
長方形    曲面    垂直
平行    平行四辺形
```

2 角柱について表にまとめます。あいているところに数字を書きましょう。(5×5)

	四角柱	五角柱	六角柱
側面の数	4		6
頂点の数		10	
辺の数	12		

【思考・判断・表現】

3 下の展開図を組み立てた立体について、答えましょう。(5×5)

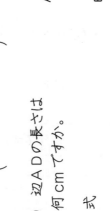

① 何という角柱になりますか。

（　　　）

② 立体の高さは何cmですか。

（　　　）

③ 点Aに集まる点をすべて書きましょう。

（　）（　）（　）

④ 辺EFに接する辺を書きましょう。

（　）（　）

4 右の円柱の展開図について答えましょう。(5×3)

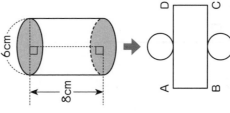

① 辺ABの長さは何cmですか。

（　　　）

② 辺ADの長さは何cmですか。

式

答え

5 右の長方形を側面にして、高さ6cmの円柱を作ります。底面の直径は何cmになりますか。(5×2)

式

答え

83

🌱5年のふくしゅう（1）

名前

🌱5年のふくしゅう（2）

名前

---

① □ にあてはまる数を書きましょう。

① $2.74 = 1 \times \boxed{} + 0.1 \times \boxed{} + 0.01 \times \boxed{}$

② 2.74 を 100 倍した数は，$\boxed{}$ です。

③ 2.74 を 1000 倍した数は，$\boxed{}$ です。

④ 2.74 を $\frac{1}{100}$ にした数は，$\boxed{}$ です。

② 次の数を偶数と奇数に分けて書きましょう。

> 0, 4, 5, 11, 16, 26, 37, 50

偶数

$\boxed{}$

奇数

$\boxed{}$

③ 次の時間を（　）の中の単位で，分数で表しましょう。

① 15分（時）$\boxed{}$ 時間　　② 20秒（分）$\boxed{}$ 分

③ 10分（時）$\boxed{}$ 時間　　④ 30秒（分）$\boxed{}$ 分

---

① （　）の中の数の公約数を，すべて書きましょう。
また，最大公約数を書きましょう。

① （8, 12）　公約数 $\boxed{}$　最大公約数 $\boxed{}$

② （15, 21）　公約数 $\boxed{}$　最大公約数 $\boxed{}$

③ （18, 36）

公約数 $\boxed{}$　最大公約数 $\boxed{}$

④ （12, 18, 24）

公約数 $\boxed{}$　最大公約数 $\boxed{}$

② （　）の中の数の最小公倍数を求めましょう。

① （3, 5）$\boxed{}$　　② （4, 6）$\boxed{}$

③ （6, 9）$\boxed{}$　　④ （10, 15）$\boxed{}$

⑤ （2, 3, 5）$\boxed{}$　　⑥ （4, 6, 8）$\boxed{}$

③ 次のわり算の商を，分数で表しましょう。

① $2 \div 3 =$　　　　② $8 \div 9 =$

1　次の小数や整数を，分数で表しましょう。

① 0.3 （　　　　　）　② 0.6 （　　　　　）

③ 1.6 （　　　　　）　④ 0.19 （　　　　　）

⑤ 4 （　　　　　）　⑥ 1.25 （　　　　　）

2　次の分数を，小数や整数で表しましょう。

① $\dfrac{3}{4}$ （　　　　　）　② $1\dfrac{1}{5}$ （　　　　　）

③ $1\dfrac{1}{8}$ （　　　　　）　④ $2\dfrac{7}{20}$ （　　　　　）

3　百分率で表した割合を，小数で表しましょう。

① 5% （　　　　　）　② 90% （　　　　　）

③ 120% （　　　　　）　④ 0.2% （　　　　　）

●　計算をしましょう。

① $\dfrac{2}{3} + \dfrac{4}{7}$　　② $\dfrac{3}{4} + \dfrac{1}{12}$

③ $\dfrac{4}{15} + \dfrac{1}{6}$　　④ $\dfrac{5}{6} + 1\dfrac{1}{15}$

⑤ $1\dfrac{1}{20} + \dfrac{1}{5}$　　⑥ $2\dfrac{5}{6} + 1\dfrac{1}{9}$

⑦ $\dfrac{2}{3} + \dfrac{5}{6} + \dfrac{1}{2}$

⑧ $\dfrac{5}{6} - \dfrac{1}{2}$　　⑨ $\dfrac{11}{12} - \dfrac{2}{3}$

⑩ $2\dfrac{8}{9} - 1\dfrac{1}{2}$　　⑪ $3\dfrac{3}{4} - \dfrac{3}{20}$

⑫ $1\dfrac{5}{7} - 1\dfrac{1}{3}$　　⑬ $2\dfrac{17}{18} - 1\dfrac{5}{6}$

⑭ $\dfrac{4}{5} - 0.3$

● 計算をしましょう。わり算は，わりきれるまでしましょう。

① 1.4 × 0.2

② 8.6 × 3.5

③ 2.76 × 0.16

④ 6.7 × 4.8

⑤ 4.92 × 7.5

⑥ 0.14 × 0.32

⑦ 20.4 ÷ 3.4

⑧ 22.1 ÷ 2.6

⑨ 3.42 ÷ 7.6

⑩ 7 ÷ 2.5

⑪ 14 ÷ 0.8

⑫ 6.3 ÷ 8.4

---

① テープが 24.4m あります。1.5m ずつに切ります。
1.5m のテープは何本できて，何 m あまりますか。

式

答え _____

② 1m が 180 円のリボンがあります。このリボン 3.5m の代金は
何円ですか。

式

答え _____

③ 3.8L で 7.2kg のねん土があります。

① このねん土 1L の重さは，何 kg ですか。
（四捨五入して，上から 2 けたのがい数で表しましょう。）

式

答え _____

② このねん土 1kg では，何 L ですか。
（四捨五入して，上から 2 けたのがい数で表しましょう。）

式

答え _____

86

5年のふくしゅう（7）

● 下の図形の面積は何 cm² ですか。

①
6cm
4cm
4.5cm

式

答え

② ひし形
7cm
9cm

式

答え

③ 平行四辺形
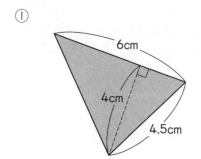
4cm
7cm
2.5cm

式

答え

④ 台形
5cm
3cm
6.2cm
6cm

式

答え

5年のふくしゅう（8）

● 下の形の体積は何 cm³ ですか。

①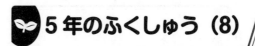
5cm
5cm
5cm

式

答え

②
8cm
6cm
4cm

式

答え

③
2cm
2cm
5cm
5cm
4cm
5cm

式

答え

④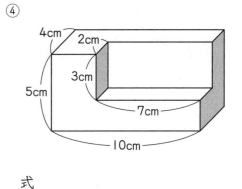
4cm
2cm
3cm
5cm
7cm
10cm

式

答え

5年のふくしゅう（9）

名前

① ⑦～⑨の角度は何度ですか。

①

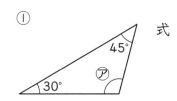

式

答え _____

②

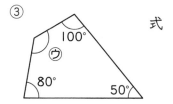

式

答え _____

③

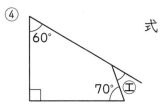

式

答え _____

④

式

答え _____

② 下の円の円周の長さを求めましょう。

3cm

式

答え _____

5年のふくしゅう（10）

名前

① みかん5個からジュースをしぼると，下の量になりました。

| 66mL　77mL　74mL　78mL　80mL |

① みかん1個から，平均何mLのジュースがとれますか。

式

答え _____

② みかん18個では，何mLのジュースがとれると考えられますか。

式

答え _____

② 右の表は，A市とB市の面積と人口です。人口密度が高いのはどちらですか。

A市とB市の面積と人口

	面積（km²）	人口（人）
A市	22	46200
B市	25	52000

式

答え _____

🌱 5年のふくしゅう (11)

名前 _____

① 自動車が時速40kmで走っています。この自動車が2時間30分で進む道のりは，何kmですか。

式

答え _____

② 2800mを8分で走る自転車の分速は，何mですか。

式

答え _____

③ 秒速20mで走る電車が1500m進むのにかかる時間は，何秒ですか。

式

答え _____

④ 音が伝わる速さは，およそ秒速340mです。いなずまが光って3秒後に，かみなりの音が聞こえました。
　　音が聞こえた場所からかみなりまでのきょりは，約何mですか。

式

答え _____

🌱 5年のふくしゅう (12)

名前 _____

① 50人乗りのバスに60人乗っています。バスに乗っている人の割合は，何%ですか。

式

答え _____

② 40m²の畑にトマトのなえを植えました。これは，畑全体の20%にあたります。畑全体の面積は，何m²ですか。

式

答え _____

③ 750mL入りのオリーブオイルの60%を使いました。使ったオリーブオイルは何mLですか。

式

答え _____

④ 1ふくろ250gのおかしが，10%増量して売られています。1ふくろ何gになっていますか。

式

答え _____

P.4

10 分数のたし算とひき算
通分と分数のたし算，ひき算 (1)　名前　月　日

● $\frac{2}{3} - \frac{1}{2}$ の計算方法を考えましょう。

① （　）にあてはまることばを書きましょう。

（分母）がちがうから，このままではひき算はできない。

$\frac{2}{3}$ と $\frac{1}{2}$ と大きさが等しくて，（分母）が同じになる分数を，それぞれ見つければできる。

② 数直線で，分母が同じになる分数を見つけて，計算しましょう。□にあてはまる数を書きましょう。

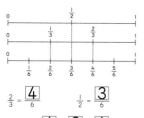

$\frac{2}{3} = \frac{4}{6}$　　$\frac{1}{2} = \frac{3}{6}$

$\frac{2}{3} - \frac{1}{2} = \frac{4}{6} - \frac{3}{6} = \frac{1}{6}$

10 分数のたし算とひき算
通分と分数のたし算，ひき算 (2)　名前

● 次の分数と，等しい分数をつくりましょう。

① $\frac{2}{5} = \frac{4}{10} = \frac{6}{15} = \frac{8}{20} = \frac{10}{25}$

② $\frac{3}{4} = \frac{6}{8} = \frac{9}{12} = \frac{12}{16} = \frac{15}{20}$

③ $\frac{2}{3} = \frac{4}{6} = \frac{6}{9} = \frac{8}{12} = \frac{10}{15}$

④ $\frac{7}{3} = \frac{14}{9} = \frac{21}{9} = \frac{28}{12} = \frac{35}{15}$

⑤ $\frac{10}{25} = \frac{2}{5}$　　⑥ $\frac{9}{12} = \frac{3}{4}$

⑦ $\frac{15}{20} = \frac{3}{4}$　　⑧ $\frac{8}{12} = \frac{2}{3}$

P.5

10 分数のたし算とひき算
通分と分数のたし算，ひき算 (3)　名前　月　日

① $\frac{3}{4}$L のジュースと，$\frac{2}{5}$L のジュースがあります。ちがいは何Lですか。

① 式を書きましょう。　$\left(\frac{3}{4} - \frac{2}{5} \right)$

② 4と5の（最小）公倍数を書きましょう。　（20）

③ ②で見つけた数を，共通の分母にした分数をつくりましょう。

$\frac{3}{4} = \frac{15}{20}$　　$\frac{2}{5} = \frac{8}{20}$

④ 共通な分母の分数で，計算しましょう。

$\frac{3}{4} - \frac{2}{5} = \frac{15}{20} - \frac{8}{20} = \frac{7}{20}$

② （　）の中の分数を通分しましょう。

① $\left(\frac{1}{2} \cdot \frac{1}{3} \right)$　　② $\left(\frac{2}{3} \cdot \frac{3}{4} \right)$

$\left(\frac{3}{6} \cdot \frac{2}{6} \right)$　　$\left(\frac{8}{12} \cdot \frac{9}{12} \right)$

10 分数のたし算とひき算
通分と分数のたし算，ひき算 (4)　名前

① （　）の中の分数を通分しましょう。

① $\left(\frac{1}{2} \cdot \frac{2}{3} \right)$ $\left(\frac{3}{6} \cdot \frac{4}{6} \right)$　② $\left(\frac{1}{4} \cdot \frac{1}{3} \right)$ $\left(\frac{3}{12} \cdot \frac{4}{12} \right)$

③ $\left(\frac{5}{6} \cdot \frac{7}{12} \right)$ $\left(\frac{10}{12} \cdot \frac{7}{12} \right)$　④ $\left(\frac{2}{3} \cdot \frac{5}{6} \right)$ $\left(\frac{4}{6} \cdot \frac{5}{6} \right)$

⑤ $\left(1\frac{1}{2} \cdot 1\frac{3}{4} \right)$ $\left(1\frac{2}{4} \cdot 1\frac{3}{4} \right)$　⑥ $\left(\frac{4}{15} \cdot \frac{9}{10} \right)$ $\left(1\frac{8}{30} \cdot 2\frac{27}{30} \right)$

⑦ $\left(\frac{2}{3} \cdot \frac{1}{4} \cdot \frac{3}{8} \right)$ $\left(\frac{16}{24} \cdot \frac{6}{24} \cdot \frac{9}{24} \right)$　⑧ $\left(\frac{1}{2} \cdot \frac{3}{4} \cdot \frac{2}{5} \right)$ $\left(\frac{10}{20} \cdot \frac{15}{20} \cdot \frac{8}{20} \right)$

② 次の分数を通分して大小を比べ，□にあてはまる等号や不等号を書きましょう。

① $\frac{7}{12} < \frac{5}{9}$　　② $\frac{10}{7} > \frac{28}{21}$

③ $\frac{8}{14} = \frac{12}{21}$　　④ $\frac{9}{11} > \frac{7}{9}$

P.6

10 分数のたし算とひき算
通分と分数のたし算，ひき算 (5)　名前　月　日

① 通分して，たし算をしましょう。

① $\frac{1}{2} + \frac{2}{3} = \frac{3}{6} + \frac{4}{6} = \frac{7}{6} \left(1\frac{1}{6} \right)$

② $\frac{2}{5} + \frac{2}{3} = \frac{6}{15} + \frac{10}{15} = \frac{16}{15} \left(1\frac{1}{15} \right)$

③ $\frac{1}{3} + \frac{3}{4} = \frac{13}{12} \left(1\frac{1}{12} \right)$　④ $\frac{2}{7} + \frac{1}{2} = \frac{11}{14}$

⑤ $\frac{6}{5} + \frac{5}{4} = \frac{49}{20} \left(2\frac{9}{20} \right)$　⑥ $\frac{7}{8} + \frac{6}{5} = \frac{83}{40} \left(2\frac{3}{40} \right)$

② 通分して，ひき算をしましょう。

① $\frac{6}{7} - \frac{2}{3} = \frac{4}{21}$　　② $\frac{4}{5} - \frac{1}{3} = \frac{7}{15}$

③ $\frac{13}{15} - \frac{1}{3} = \frac{8}{15}$　　④ $\frac{2}{3} - \frac{1}{4} = \frac{5}{12}$

⑤ $\frac{11}{7} - \frac{4}{3} = \frac{5}{21}$　　⑥ $\frac{9}{10} - \frac{8}{15} = \frac{11}{30}$

10 分数のたし算とひき算
通分と分数のたし算，ひき算 (6)　名前

① 通分して，たし算とひき算をしましょう。

① $\frac{2}{5} + \frac{3}{8} = \frac{31}{40}$　　② $\frac{1}{3} + \frac{5}{7} = \frac{22}{21} \left(1\frac{1}{21} \right)$

③ $\frac{4}{3} + \frac{3}{2} = \frac{17}{6} \left(2\frac{5}{6} \right)$　　④ $\frac{7}{5} + \frac{7}{6} = \frac{77}{30} \left(2\frac{17}{30} \right)$

⑤ $\frac{4}{5} - \frac{1}{2} = \frac{3}{10}$　　⑥ $\frac{6}{7} - \frac{2}{3} = \frac{4}{21}$

⑦ $\frac{3}{4} - \frac{2}{5} = \frac{7}{20}$　　⑧ $\frac{2}{3} - \frac{1}{5} = \frac{7}{15}$

⑨ $\frac{9}{10} - \frac{2}{9} = \frac{4}{9}$　　⑩ $\frac{14}{15} - \frac{7}{10} = \frac{7}{30}$

② 次の□にあてはまる数字を求めましょう。

① $\frac{2}{5} + \frac{2}{3} = \frac{16}{15}$　　② $\frac{6}{7} - \frac{1}{4} = \frac{17}{28}$

P.7

10 分数のたし算とひき算
通分と分数のたし算，ひき算 (7)　名前　月　日

● 通分して，たし算とひき算をしましょう。

① $\frac{5}{9} + \frac{1}{4} = \frac{29}{36}$　　② $\frac{5}{8} + \frac{2}{5} = \frac{41}{40} \left(1\frac{1}{40} \right)$

③ $\frac{5}{16} + \frac{3}{8} = \frac{11}{16}$　　④ $\frac{1}{8} + \frac{2}{7} = \frac{23}{56}$

⑤ $\frac{2}{5} + \frac{3}{4} = \frac{23}{20} \left(1\frac{3}{20} \right)$　　⑥ $\frac{5}{12} + \frac{13}{24} = \frac{23}{24}$

⑦ $\frac{4}{3} + \frac{8}{15} = \frac{28}{15} \left(1\frac{13}{15} \right)$　　⑧ $\frac{21}{20} + \frac{4}{10} = \frac{37}{20} \left(1\frac{17}{20} \right)$

⑨ $\frac{9}{10} - \frac{7}{15} = \frac{13}{30}$　　⑩ $\frac{6}{5} - \frac{14}{15} = \frac{8}{45}$

⑪ $\frac{17}{12} - \frac{3}{8} = \frac{25}{24} \left(1\frac{1}{24} \right)$　　⑫ $\frac{3}{4} - \frac{2}{3} = \frac{1}{12}$

⑬ $\frac{7}{12} - \frac{4}{9} = \frac{5}{36}$　　⑭ $\frac{7}{12} - \frac{5}{18} = \frac{11}{36}$

10 分数のたし算とひき算
約分と分数のたし算，ひき算 (1)　名前

① □にあてはまる数を書きましょう。

① $\frac{6}{8} = \frac{3}{4}$　　② $\frac{6}{9} = \frac{2}{3}$

③ $\frac{8}{12} = \frac{2}{3}$　　④ $\frac{15}{20} = \frac{3}{4}$

⑤ $\frac{24}{30} = \frac{4}{5}$　　⑥ $\frac{54}{63} = \frac{6}{7}$

② 次の分数を約分しましょう。

① $\frac{4}{16} \left(\frac{1}{4} \right)$　　② $\frac{15}{24} \left(\frac{5}{8} \right)$

③ $1\frac{8}{24} \left(1\frac{1}{3} \right)$　　④ $2\frac{12}{36} \left(2\frac{1}{3} \right)$

⑤ $3\frac{6}{12} \left(3\frac{1}{2} \right)$　　⑥ $4\frac{12}{20} \left(4\frac{3}{5} \right)$

P.8

10 分数のたし算とひき算
約分と分数のたし算，ひき算 (2)

● 次の分数を約分しましょう。

① $\frac{6}{18}$ $\left(\frac{1}{3}\right)$ ② $\frac{18}{27}$ $\left(\frac{2}{3}\right)$

③ $\frac{40}{48}$ $\left(\frac{5}{6}\right)$ ④ $\frac{14}{28}$ $\left(\frac{1}{2}\right)$

⑤ $\frac{45}{30}$ $\left(\frac{3}{2}\right)$ ⑥ $\frac{24}{32}$ $\left(\frac{3}{4}\right)$

⑦ $\frac{35}{49}$ $\left(\frac{5}{7}\right)$ ⑧ $\frac{60}{35}$ $\left(\frac{12}{7}\right)$

⑨ $\frac{50}{75}$ $\left(\frac{2}{3}\right)$ ⑩ $\frac{55}{66}$ $\left(\frac{5}{6}\right)$

⑪ $3\frac{6}{27}$ $\left(3\frac{2}{9}\right)$ ⑫ $1\frac{13}{39}$ $\left(1\frac{1}{3}\right)$

⑬ $7\frac{28}{56}$ $\left(7\frac{1}{2}\right)$ ⑭ $3\frac{9}{66}$ $\left(3\frac{3}{22}\right)$

⑮ $2\frac{12}{60}$ $\left(2\frac{1}{5}\right)$ ⑯ $5\frac{45}{75}$ $\left(5\frac{3}{5}\right)$

10 分数のたし算とひき算
約分と分数のたし算，ひき算 (3)

● 次の分数のたし算とひき算をしましょう。また，答えが約分できるときは，約分しましょう。

① $\frac{3}{4}+\frac{1}{12}$ $\frac{5}{6}$ ② $\frac{5}{14}+\frac{1}{2}$ $\frac{6}{7}$

③ $\frac{1}{6}+\frac{7}{12}$ $\frac{3}{4}$ ④ $\frac{5}{6}+\frac{1}{15}$ $\frac{9}{10}$

⑤ $\frac{5}{6}+\frac{3}{10}$ $\frac{17}{15}\left(1\frac{2}{15}\right)$ ⑥ $\frac{27}{10}+\frac{7}{15}$ $\frac{19}{6}\left(3\frac{1}{6}\right)$

⑦ $\frac{5}{6}-\frac{3}{10}$ $\frac{8}{15}$ ⑧ $\frac{11}{12}-\frac{1}{4}$ $\frac{2}{3}$

⑨ $\frac{3}{4}-\frac{3}{20}$ $\frac{3}{5}$ ⑩ $\frac{15}{6}-\frac{3}{4}$ $\frac{7}{4}\left(1\frac{3}{4}\right)$

⑪ $\frac{1}{2}+\frac{2}{3}+\frac{5}{6}$ 2 ⑫ $\frac{3}{4}+\frac{1}{8}+\frac{2}{3}$ $\frac{37}{24}\left(1\frac{13}{24}\right)$

⑬ $\frac{8}{9}-\frac{1}{2}-\frac{1}{3}$ $\frac{1}{18}$ ⑭ $\frac{5}{6}-\frac{1}{2}-\frac{1}{4}$ $\frac{1}{4}$

8

P.9

10 分数のたし算とひき算
いろいろな分数のたし算，ひき算 (4)

● 次の分数のたし算とひき算をしましょう。また，答えが約分できるときは，約分しましょう。

① $\frac{13}{20}+\frac{1}{4}$ $\frac{9}{10}$ ② $\frac{5}{6}+\frac{5}{12}$ $\frac{5}{4}\left(1\frac{1}{4}\right)$

③ $\frac{5}{12}+\frac{11}{24}$ $\frac{7}{8}$ ④ $\frac{1}{20}+\frac{1}{5}$ $\frac{1}{4}$

⑤ $\frac{7}{15}+\frac{1}{3}$ $\frac{4}{5}$ ⑥ $\frac{1}{12}+\frac{1}{20}$ $\frac{2}{15}$

⑦ $\frac{5}{6}-\frac{1}{3}$ $\frac{1}{2}$ ⑧ $\frac{11}{12}-\frac{2}{3}$ $\frac{1}{4}$

⑨ $\frac{14}{15}-\frac{5}{6}$ $\frac{1}{10}$ ⑩ $\frac{8}{3}-\frac{5}{12}$ $\frac{9}{4}\left(2\frac{1}{4}\right)$

⑪ $\frac{17}{24}-\frac{3}{8}$ $\frac{1}{3}$ ⑫ $\frac{7}{9}-\frac{5}{18}$ $\frac{1}{2}$

⑬ $\frac{5}{6}+\frac{7}{2}+\frac{2}{3}$ 5 ⑭ $\frac{5}{6}+\frac{1}{2}-\frac{8}{9}$ $\frac{4}{9}$

10 分数のたし算とひき算
いろいろな分数のたし算，ひき算 (1)

● 次の帯分数のたし算とひき算をしましょう。また，答えが約分できるときは，約分しましょう。

① $2\frac{5}{6}+1\frac{3}{9}$ $3\frac{17}{18}\left(\frac{71}{18}\right)$ ② $1\frac{3}{4}+1\frac{1}{8}$ $2\frac{7}{8}\left(\frac{23}{8}\right)$

③ $3\frac{1}{4}+1\frac{5}{12}$ $4\frac{2}{3}\left(\frac{14}{3}\right)$ ④ $1\frac{7}{18}+2\frac{1}{3}$ $3\frac{13}{18}\left(\frac{67}{18}\right)$

⑤ $2\frac{2}{7}+3\frac{2}{5}$ $5\frac{24}{35}\left(\frac{199}{35}\right)$ ⑥ $\frac{3}{8}+5\frac{1}{3}$ $5\frac{13}{24}\left(\frac{133}{24}\right)$

⑦ $2\frac{2}{3}-1\frac{1}{6}$ $1\frac{1}{2}\left(\frac{3}{2}\right)$ ⑧ $4\frac{5}{6}-2\frac{5}{12}$ $2\frac{5}{12}\left(\frac{29}{12}\right)$

⑨ $1\frac{5}{7}-1\frac{1}{2}$ $\frac{3}{14}$ ⑩ $2\frac{17}{18}-2\frac{1}{6}$ $\frac{7}{9}$

⑪ $3\frac{14}{15}-1\frac{2}{3}$ $2\frac{4}{15}\left(\frac{34}{15}\right)$ ⑫ $7\frac{5}{8}-1\frac{6}{6}$ $\frac{11}{24}\left(\frac{155}{24}\right)$

⑬ $7\frac{5}{6}-7\frac{1}{4}$ $\frac{7}{12}$ ⑭ $1\frac{4}{15}-1\frac{5}{6}$ $\frac{13}{30}$

9

P.10

10 分数のたし算とひき算
いろいろな分数のたし算，ひき算 (2)

● 次の帯分数のたし算とひき算をしましょう。また，答えが約分できるときは，約分しましょう。

① $1\frac{5}{12}+1\frac{3}{4}$ $3\frac{1}{6}\left(\frac{19}{6}\right)$ ② $3\frac{5}{6}+1\frac{2}{3}$ $5\frac{1}{2}\left(\frac{11}{2}\right)$

③ $2\frac{2}{3}+\frac{14}{15}$ $3\frac{3}{5}\left(\frac{18}{5}\right)$ ④ $\frac{5}{6}+1\frac{4}{5}$ $2\frac{19}{30}\left(\frac{79}{30}\right)$

⑤ $\frac{7}{8}+1\frac{3}{4}$ $2\frac{5}{8}\left(\frac{21}{8}\right)$ ⑥ $2\frac{5}{9}+3\frac{1}{2}$ $6\frac{1}{18}\left(\frac{109}{18}\right)$

⑦ $4\frac{1}{6}-\frac{1}{3}$ $3\frac{5}{6}\left(\frac{23}{6}\right)$ ⑧ $3\frac{1}{12}-1\frac{3}{4}$ $1\frac{1}{3}\left(\frac{4}{3}\right)$

⑨ $1\frac{3}{8}-\frac{3}{4}$ $\frac{5}{8}$ ⑩ $2\frac{1}{6}-1\frac{1}{2}$ $\frac{2}{3}$

⑪ $3\frac{2}{5}-2\frac{2}{3}$ $\frac{11}{15}$ ⑫ $2\frac{1}{3}-1\frac{3}{8}$ $\frac{23}{24}$

10 分数のたし算とひき算
いろいろな分数のたし算，ひき算 (3)

● 次の分数と小数のまじった計算をしましょう。

分数か小数のどちらかにそろえて計算しよう。

① $0.8+\frac{2}{5}$ $\frac{6}{5}\left(1\frac{1}{5}, 1.2\right)$ ② $\frac{7}{10}+0.25$ $\frac{19}{20}(0.95)$

③ $\frac{3}{5}-0.2$ $\frac{2}{5}(0.4)$ ④ $1.5-\frac{7}{10}$ $\frac{4}{5}(0.8)$

⑤ $\frac{3}{4}-0.02$ $\frac{73}{100}(0.73)$ ⑥ $0.75-\frac{3}{8}$ $\frac{3}{8}(0.375)$

分数を小数で表せないときは，分数にそろえよう。

⑦ $0.25+\frac{5}{6}$ $\frac{13}{12}\left(1\frac{1}{12}\right)$ ⑧ $\frac{1}{6}+0.5$ $\frac{2}{3}$

⑨ $0.7-\frac{2}{3}$ $\frac{1}{30}$ ⑩ $\frac{2}{3}-0.2$ $\frac{7}{15}$

10

P.11

10 分数のたし算とひき算
いろいろな分数のたし算，ひき算 (4)

● 次の分数と小数のまじった計算をしましょう。

① $\frac{3}{5}+0.8$ $\frac{7}{5}\left(1\frac{2}{5}, 1.4\right)$ ② $1.25-\frac{3}{4}$ $\frac{1}{2}(0.5)$

③ $1.5+\frac{2}{3}$ $\frac{13}{6}\left(2\frac{1}{6}\right)$ ④ $0.5-\frac{2}{7}$ $\frac{3}{14}$

⑤ $1.2-\frac{1}{4}-0.2$ $\frac{3}{4}(0.75)$

⑥ $1-\frac{1}{5}-\frac{1}{3}$ $\frac{7}{15}$

⑦ $3\frac{1}{2}+0.4-\frac{1}{6}$ $3\frac{11}{15}\left(\frac{56}{15}\right)$

⑧ $3.5-2\frac{4}{5}+0.3$ 1

10 分数のたし算とひき算
時間と分数 (1)

① 40分は何時間ですか。時計を見て，考え方を読んで，□にあてはまる数を書きましょう。

① 1時間を60等分した40こだから，$\frac{40}{60}$時間 → 約分して $\frac{2}{3}$時間

② 1時間を12等分した8こだから，$\frac{8}{12}$時間 → 約分して $\frac{2}{3}$時間

③ 1時間を6等分した4こだから，$\frac{4}{6}$時間 → 約分して $\frac{2}{3}$時間

② 時計を参考にして，□にあてはまる分数を書きましょう。

① 15分＝$\frac{1}{4}$時間 ② 25分＝$\frac{5}{12}$時間

11

児童に実施させる前に，必ず指導される方が問題を解いてください。本書の解答は，あくまでも1つの例です。指導される方の作られた解答をもとに，本書の解答例を参考に児童の多様な考えに寄り添って○つけをお願いします。

P.12

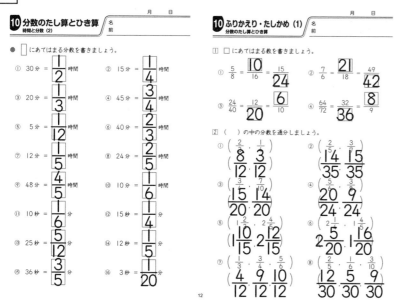

10 分数のたし算とひき算
時間と分数 (2)

● □にあてはまる分数を書きましょう。

① 30分 = $\frac{1}{2}$ 時間　② 15分 = $\frac{1}{4}$ 時間

③ 20分 = $\frac{1}{3}$ 時間　④ 45分 = $\frac{3}{4}$ 時間

⑤ 5分 = $\frac{1}{12}$ 時間　⑥ 40分 = $\frac{2}{3}$ 時間

⑦ 12分 = $\frac{1}{5}$ 時間　⑧ 24分 = $\frac{2}{5}$ 時間

⑨ 48分 = $\frac{4}{5}$ 時間　⑩ 10分 = $\frac{1}{6}$ 時間

⑪ 10秒 = $\frac{1}{6}$ 分　⑫ 15秒 = $\frac{1}{4}$ 分

⑬ 25秒 = $\frac{5}{12}$ 分　⑭ 12秒 = $\frac{1}{5}$ 分

⑮ 36秒 = $\frac{3}{5}$ 分　⑯ 3秒 = $\frac{1}{20}$ 分

10 ふりかえり・たしかめ (1)
分数のたし算とひき算

① □にあてはまる数を書きましょう。

① $\frac{5}{8} = \frac{10}{16} = \frac{15}{24}$　② $\frac{7}{6} = \frac{21}{18} = \frac{49}{42}$

③ $\frac{24}{40} = \frac{12}{20} = \frac{6}{10}$　④ $\frac{64}{72} = \frac{32}{36} = \frac{8}{9}$

② (　) の中の分数を通分しましょう。

① $\left(\frac{2}{8}, \frac{1}{12}\right)\left(\frac{8}{12}, \frac{3}{12}\right)$　② $\left(\frac{2}{5}, \frac{3}{7}\right)\left(\frac{14}{35}, \frac{15}{35}\right)$

③ $\left(\frac{3}{4}, \frac{7}{10}\right)\left(\frac{15}{20}, \frac{14}{20}\right)$　④ $\left(\frac{5}{6}, \frac{3}{8}\right)\left(\frac{20}{24}, \frac{9}{24}\right)$

⑤ $\left(1\frac{2}{3}, 2\frac{4}{15}\right)\left(1\frac{10}{15}, 2\frac{12}{15}\right)$　⑥ $\left(2\frac{1}{4}, 1\frac{3}{5}\right)\left(2\frac{5}{20}, 1\frac{6}{20}\right)$

⑦ $\left(\frac{1}{3}, \frac{3}{4}, \frac{5}{6}\right)\left(\frac{4}{12}, \frac{9}{12}, \frac{10}{12}\right)$　⑧ $\left(\frac{2}{5}, \frac{2}{3}, \frac{3}{10}\right)\left(\frac{12}{30}, \frac{20}{30}, \frac{9}{30}\right)$

P.13

10 ふりかえり・たしかめ (2)
分数のたし算とひき算

① $\frac{5}{6}$ mのリボンと，$\frac{5}{7}$ mのリボンがあります。

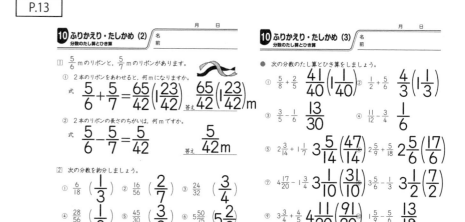

① 2本のリボンをあわせると，何mになりますか。

式 $\frac{5}{6} + \frac{5}{7} = \frac{65}{42}\left(1\frac{23}{42}\right)$　答え $\frac{65}{42}\left(1\frac{23}{42}\right)$m

② 2本のリボンの長さのちがいは，何mですか。

式 $\frac{5}{6} - \frac{5}{7} = \frac{5}{42}$　答え $\frac{5}{42}$m

② 次の分数を約分しましょう。

① $\frac{6}{18}\left(\frac{1}{3}\right)$　② $\frac{16}{56}\left(\frac{2}{7}\right)$　③ $\frac{24}{32}\left(\frac{3}{4}\right)$

④ $\frac{28}{56}\left(\frac{1}{2}\right)$　⑤ $\frac{45}{30}\left(\frac{3}{2}\right)$　⑥ $5\frac{50}{75}\left(5\frac{2}{3}\right)$

③ 次の計算をしましょう。

① $\frac{2}{3} + \frac{1}{5}$　$\frac{13}{15}$　② $\frac{3}{4} + \frac{5}{12}$　$\frac{7}{6}\left(1\frac{1}{6}\right)$

③ $1\frac{1}{4} + 2\frac{1}{2}$　$3\frac{3}{4}\left(\frac{15}{4}\right)$　④ $2\frac{1}{3} + \frac{4}{15}$　$2\frac{3}{5}\left(\frac{13}{5}\right)$

10 ふりかえり・たしかめ (3)
分数のたし算とひき算

● 次の分数のたし算とひき算をしましょう。

① $\frac{5}{8} + \frac{2}{5}$　$\frac{41}{40}\left(1\frac{1}{40}\right)$　② $\frac{1}{2} + \frac{5}{6}$　$\frac{4}{3}\left(1\frac{1}{3}\right)$

③ $\frac{3}{5} - \frac{1}{6}$　$\frac{13}{30}$　④ $\frac{11}{12} - \frac{3}{4}$　$\frac{1}{6}$

⑤ $2\frac{3}{14} + 1\frac{1}{7}$　$3\frac{5}{14}\left(\frac{47}{14}\right)$　⑥ $2\frac{5}{9} + \frac{5}{18}$　$2\frac{5}{6}\left(\frac{17}{6}\right)$

⑦ $4\frac{17}{20} - 1\frac{3}{4}$　$3\frac{1}{10}\left(\frac{31}{10}\right)$　⑧ $3\frac{5}{6} - \frac{1}{3}$　$3\frac{1}{2}\left(\frac{7}{2}\right)$

⑨ $3\frac{3}{4} + \frac{4}{5}$　$4\frac{11}{20}\left(\frac{91}{20}\right)$　⑩ $1\frac{5}{9} - \frac{5}{18}$　$\frac{13}{18}$

⑪ $\frac{1}{2} + \frac{3}{4} - \frac{2}{3}$　$\frac{7}{12}$　⑫ $\frac{4}{9} + \frac{11}{18} - \frac{5}{6}$　$\frac{13}{12}\left(1\frac{1}{12}\right)$

⑬ $0.4 + \frac{2}{3}$　$\frac{16}{15}\left(1\frac{1}{15}\right)$　⑭ $\frac{3}{4} - 0.7$　$\frac{1}{20}$ (0.05)

P.14

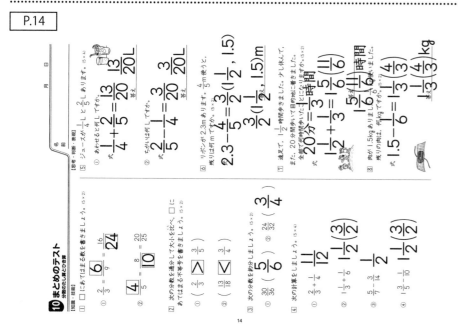

10 まとめのテスト
分数のたし算とひき算

10 分数のたし算とひき算
時間と分数

② ジュースが $\frac{1}{4}$ Lと $\frac{2}{5}$ Lあります。(5×4)

① あわせると何Lですか。

式 $\frac{1}{4} + \frac{2}{5} = \frac{13}{20}$　答え $\frac{13}{20}$L

② ちがいは何Lですか。

式 $\frac{2}{5} - \frac{1}{4} = \frac{3}{20}$　答え $\frac{3}{20}$L

⑥ リボンが2.3mあります。$\frac{4}{5}$ m使うと，残りは何mですか。

式 $2.3 - \frac{4}{5} = \frac{3}{2}\left(1\frac{1}{2}, 1.5\right)$　答え $\frac{3}{2}\left(1\frac{1}{2}, 1.5\right)$m

⑦ 速さで，$\frac{1}{2}$ 時間歩きました。また，20分歩いて目的地に着きました。全部で何時間歩きましたか。(5×2)

式 $\frac{1}{2} + \frac{1}{3} = \frac{5}{6}$　答え $\frac{5}{6}$ 時間

⑧ 肉が1.5kgあります。$\frac{4}{6}$ kg使うと，残りは何kgですか。

式 $1.5 - \frac{4}{6} = \frac{5}{6}$　答え $\frac{5}{6}$kg

① □にあてはまる数を書きましょう。(5×2)

① $\frac{2}{3} = \frac{16}{24}$　② $\frac{4}{5} = \frac{20}{25}$

② 次の分数を通分して大小を比べ，□にあてはまる不等号を書きましょう。(5×2)

① $\frac{2}{3}$ > $\frac{3}{5}$　② $\frac{4}{5}$ < $\frac{13}{18}$ $\left(\frac{3}{4}\right)$

③ 次の分数を約分しましょう。(5×2)

① $\frac{30}{36}\left(\frac{5}{6}\right)$　② $\frac{24}{32}\left(\frac{3}{4}\right)$

④ 次の計算をしましょう。(5×4)

① $\frac{2}{3} + \frac{1}{4}$　$\frac{11}{12}$　② $\frac{1}{3} + \frac{1}{6}$　$\frac{1}{2}$

③ $\frac{5}{7} - \frac{3}{14}$　$\frac{1}{2}$　④ $\frac{13}{15} - \frac{7}{10}$　$\frac{1}{6}$

P.15

11 平均
平均 (1)

① 右の図のように，4個のみかんからジュースができました。1個のみかんからできるジュースは，何mLと考えられますか。

① 全部を1つの入れ物に集めると，何mLになりますか。

55mL　40mL　59mL　42mL

式 $55 + 40 + 59 + 42 = 196$　答え 196mL

② 集めたジュースから，1個のみかんからできるジュースの量を求めましょう。

式 $196 \div 4 = 49$　答え 49mL

平均 = 合計 ÷ 個数

② たまご5個の重さをはかると，右のようになりました。1個の重さは，平均何gですか。

62g　59g　63g　61g　60g

式 $(62 + 59 + 63 + 61 + 60) \div 5 = 61$　答え 61g

11 平均
平均 (2)

① 右の表は，ここなさんのプランターで5日間にとれたいちごの個数を表しています。1日平均何個とれたことになりますか。

何日め	1	2	3	4	5
個数 (個)	8	5	11	9	6

式 $(8 + 5 + 11 + 9 + 6) \div 5 = 7.8$　答え 7.8個

② 右の表は，しゅんやさんが，ゲームを4回したときの得点です。1回あたりの平均は，何点ですか。

何回め	1	2	3	4
得点 (点)	46	35	39	42

式 $(46 + 35 + 39 + 42) \div 4 = 40.5$　答え 40.5点

③ 右の表は，ある学校で1週間にわすれ物をした人数を表したものです。1日平均何人がわすれ物をしたことになりますか。

曜日	月	火	水	木	金
人数 (人)	5	2	2	1	3

式 $(5 + 2 + 2 + 1 + 3) \div 5 = 2.6$　答え 2.6人

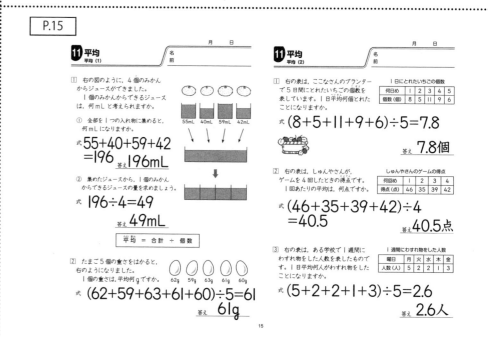

P.16

11 平均 平均 (3)　名前　月　日

① 次の重さの平均を求めましょう。

36kg　43kg　39kg　53kg　40kg　47kg

式 (36+43+39+53+40+47)÷6
=43

答え **43kg**

② 次の長さの平均を求めましょう。

32cm　40cm　51cm　38cm　42cm　58cm

式 (32+40+51+38+42+58)÷6
=43.5

答え **43.5cm**

③ 次の⑦～⑦の中で，平均が50以上になるものはどれですか。
□ に記号を書きましょう。

⑦ 45，51，54，47，59，53，48
④ 53，46，51，45，50
⑦ 55，49，48，50，56，52

⑦ ⑦

16

---

11 平均 平均 (4)　名前　月　日

① 平均すると，１個のみかんから 50mL のジュースがとれていました。
みかん 30 個からは，何mL のジュースができると考えられますか。

式 50×30=1500

答え **1500mL**

② ふみやさんは，１日平均5km 歩きます。

① １か月間 (30 日) では，何km 歩くことになりますか。

式 5×30=150

答え **150km**

② １年間 (365 日) では，何km 歩くことになりますか。

式 5×365=1825

答え **1825km**

③ １個のみかんから平均 50mL のジュースをしぼることができます。
2L のジュースを作るには，みかんを何個しぼればいいですか。

式 2L=2000mL
2000÷50=40

答え **40個**

P.17

11 平均 平均 (5)　名前　月　日

① 右の表は，ある学校の１週間の
欠席者の人数を表したものです。
１日に平均何人が欠席しましたか。

曜日	月	火	水	木	金
人数(人)	6	4	2	0	1

１週間に欠席した人数

式 (6+4+2+0+1)÷5=2.6

答え **2.6人**

② 右の表は，まさきさんが，家族
で魚つりをしたときにつれた魚の
数を表したものです。
１人平均何びきつれましたか。

つった人	父	母	まさき	弟	妹
魚の数(ひき)	7	0	5	2	4

つれた魚の数

式 (7+0+5+2+4)
÷5=3.6

答え **3.6ぴき**

③ 下の表は，さつきさんの１週間の読書時間を表したものです。
１日の読書時間は，平均何分ですか。

曜日	日	月	火	水	木	金	土
時間(分)	55	25	0	45	30	40	50

１週間の読書時間

式 (55+25+0+45+30+40+50)
÷7=35

答え **35分**

17

---

11 平均 平均 (6)　名前　月　日

● かいとさんは，自分の歩はばを使って，
およその道のりを調べることにしました。

① まず，自分の 10 歩の平均は何mかを求めます。
平均は，四捨五入して，上から２けたのがい数で
表しましょう。

何回目	1	2	3
歩いた長さ	6m24cm	6m34cm	6m51cm

かいとさんの 10 歩の長さ

式 (6.24+6.34+6.51)÷3
=6.36…

答え **約6.4m**

② かいとさんの１歩の歩はばは，約何m といえますか。

式 6.4÷10=0.64

答え **約0.64m**

③ 学校から自分の家まで，1296 歩きました。学校から家までの
道のりは，約何m といえますか。
四捨五入して，上から２けたのがい数で求めましょう。

式 0.64×1300=832

答え **約830m**

上から２けたのがい数にして，
計算しよう。

P.18

11 ふりかえり・たしかめ (1) 平均　名前　月　日

① だいきさんの家では，１週間に 8.4kL (8400L) の水を使って
いました。１日平均何Lの水を使っていることになりますか。

式 8400÷7=1200

答え **1200L**

② 下の表は，みゆさんの家の１月から４月までの電気代を
表したものです。

月	1	2	3	4
電気代(円)	13000	14000	11000	8000

月ごとの電気代

① １か月の平均は，何円ですか。

式 (13000+14000+11000+8000)
÷4=11500

答え **11500円**

② １か月の平均金額から，１年間の電気代は何円になると
考えられますか。

式 11500×12=138000

答え **138000円**

18

---

11 ふりかえり・たしかめ (2) 平均　名前　月　日

① バナナ１本の重さを平均 150g とします。

① バナナが 12 本あるとき，
何gになると考えられますか。

式 150×12=1800

答え **1800g**

② バナナ全体の重さが 3kg あるとき，バナナは何本あると
考えられますか。

式 3kg=3000g
3000÷150=20

答え **20本**

② 下の表は，やまとさんが１週間に発表した回数を，
曜日ごとに表したものです。
やまとさんは，１日平均何回発表していますか。

曜日	月	火	水	木	金
回数(回)	5	4	0	7	3

１週間に発表した回数

式 (5+4+0+7+3)÷5=3.8

答え **3.8回**

P.19

11 まとめのテスト 平均　名前　月　日

[知識・理解]

① 下のいちご，やや板の長さの平均を求めましょう。(5×6)

① 48g　55g　53g　46g
式 (48+55+53+46)
÷4=50.5　50.5g

② 43cm　39cm　45cm　40cm　38cm
式 (43+39+45+40+
38)÷5=41　41cm

③ 156cm　158cm　148cm　162cm
式 (156+158+148+162)
÷4=156　156cm

[思考・判断・表現]

④ みかんを 5 個しぼったら，下の表のように
ジュースができました。(5×3)

| | | | | |
55mL | 60mL | 58mL | 62mL | 65mL

みかん１個からできたジュースの量

① １個のみかんから，平均何mL のジュースが
できたことになりますか。
式 (55+60+58+62+65)
÷5=60　60mL

② みかんを 12 個しぼれば，何mL のジュースが
できると考えられますか。
式 60×12=720　720mL

③ 1.5L のジュースを作るためには，みかんが
何個みられればいいですか。
式 1.5L=1500mL
1500÷60=25　25個

⑤ ひろとさんの 10 歩の長さ

何回め	1	2	3
歩いた長さ	6m39cm	6m48cm	6m32cm

① ひろとさんの 10 歩の長さの平均から，ひろと
さんの１歩の歩はばを求めます。上から
２けたのがい数で求めましょう。
式 (6.39+6.48+6.32)÷3=6.39…
6.4÷10=0.64　約0.64m

② ひろとさんが 500 歩で歩いた道のりは，
約何mですか。(5×2)
式 0.64×500=320　約320m

② 下の表は，ある学校の１週間の欠席者の
人数を表したものです。(5×2)
１日に平均何人が欠席しましたか。

曜日	月	火	水	木	金
人数(人)	5	0	3	0	4

１日に平均欠席した人数

式 (5+0+3+0+4)÷5
=2.4　2.4人

③ 下の表は，しらとりさんの１回のテストの点数を表した
ものです。１回の平均は何点ですか。(5×2)

回	1	2	3	4
点数(点)	9	0	12	7

しらとりさんのテストの点数

式 (9+0+12+7)÷4
=7　7点

19

P.20

12 単位量あたりの大きさ こみぐあい (1)

● 右の表は，AとBのにわとり小屋の面積と，にわとりの数を調べたものです。どちらがこんでいますか。3つの考え方で考えます。□にあてはまる数や記号を書きましょう。

	面積 (m²)	にわとりの数 (わ)
A	5	12
B	8	20

⑦ 面積を5と8の公倍数の40にそろえて比べてみましょう。

Aの小屋
40÷5＝8
小屋の面積が8倍だからにわとりの数も8倍にする。
12×**8**＝**96**

Bの小屋
40÷8＝5
小屋の面積が5倍だからにわとりの数も5倍にする。
20×**5**＝**100**

答え **B** のほうがこんでいる。

④ 1m²あたりのにわとりの数で比べましょう。

Aの小屋
12÷5＝2.4

Bの小屋
20÷**8**＝**2.5**

答え **B** のほうがこんでいる。

⑨ 1わあたりの面積で比べましょう。

Aの小屋
5÷12＝0.41…

Bの小屋
8÷**20**＝**0.4**

答え **B** のほうがこんでいる。

12 単位量あたりの大きさ こみぐあい (2)

① 右の表は，CとDのにわとり小屋の面積と，にわとりの数を調べたものです。どちらがこんでいますか。単位量あたりの大きさで比べましょう。

	面積 (m²)	にわとりの数 (わ)
C	8	18
D	12	30

⑦ 1m²あたりのにわとりの数で比べましょう。

式　Cの小屋　18÷8＝2.25
　　Dの小屋　30÷12＝2.5

答え Dの小屋

④ 1わあたりの面積で比べましょう。

式　Cの小屋　8÷18＝0.44…
　　Dの小屋　12÷30＝0.4

答え Dの小屋

② Aはんは2m²に12人，Bはんは3m²に15人います。どちらがこんでいますか。1m²あたりの人数で比べましょう。

式　Aはん　12÷2＝6
　　Bはん　15÷3＝5

答え Aはん

P.21

12 単位量あたりの大きさ いろいろな単位量あたりの大きさ (1)

人口密度は，1km²あたりの人口で表します。

① A町は，面積54km²で人口は12150人です。B町は，面積25km²で人口6100人です。どちらの人口密度が高いですか。

式
A町　12150÷54＝225
B町　6100÷25＝244

答え B町

② 東南市と西北市の面積と人口は，右の表のとおりです。どちらの人口密度が高いですか。

	面積 (km²)	人口 (人)
東南市	76	17200
西北市	52	14800

式
東南市　17200÷76＝226.3…
西北市　14800÷52＝284.6…

答え 西北市

12 単位量あたりの大きさ いろいろな単位量あたりの大きさ (2)

① 右の表は，東と西の畑の面積ととれたさつまいもの重さを表したものです。どちらの畑がよくとれたといえますか。

	面積 (a)	とれた重さ (kg)
東の畑	3	165
西の畑	4	190

式　東の畑　165÷3＝55
　　西の畑　190÷4＝47.5

答え 東の畑

② A車は255kmを走るのに15Lのガソリンを使いました。B車は630kmを走るのに40Lのガソリンを使いました。使ったガソリンの量のわりに，長い道のりを走っているのは，A車，B車のどちらですか。

式　A車　255÷15＝17
　　B車　630÷40＝15.75

答え A車

P.22

12 単位量あたりの大きさ いろいろな単位量あたりの大きさ (3)

① 同じノートが，次のねだんで売られています。8さつで960円と10さつで1150円です。ノート1さつのねだんは，どちらが高いですか。

式　960÷8＝120
　　1150÷10＝115

8さつで960円

10さつで1150円

答え 8さつで960円のノート

②
Ⓐの畑は，30m²で102kgのキャベツがとれました。
Ⓑの畑は，40m²で140kgのキャベツがとれました。
Ⓒの畑は，50m²で165kgのキャベツがとれました。
とれぐあいがよい順番に，□に記号を書きましょう。

式　Ⓐ　102÷30＝3.4
　　Ⓑ　140÷40＝3.5
　　Ⓒ　165÷50＝3.3

Ⓑ→Ⓐ→Ⓒ

12 単位量あたりの大きさ 速さ (1)

● AさんとBさんのかかった時間と走ったきょりは，右の表のとおりです。AさんとBさんでは，どちらが速いか，2つの方法で比べましょう。

	時間 (秒)	きょり (m)
A	16	80
B	25	120

⑦ 1秒間あたりに何m走ったかで比べましょう。

式
Aさん
80÷16＝5

Bさん
120÷25＝4.8

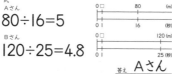

答え Aさん

④ 1mあたりに何秒かかったかで比べましょう。

式
Aさん
16÷80＝0.2

Bさん
25÷120
＝0.208…

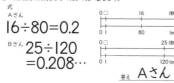

答え Aさん

P.23

12 単位量あたりの大きさ 速さ (2)

① 自動車Aは3時間で174km走り，自動車Bは4時間で224km走りました。どちらが速いですか。1時間あたりに進む道のり（時速）で比べましょう。

式
自動車A
174÷3＝58

自動車B
224÷4＝56

答え 自動車A

② 自動車Cは3時間で156km走り，自動車Dは5時間で270km走りました。どちらの自動車が速いですか。

式　自動車C　156÷3＝52
　　自動車D　270÷5＝54

答え 自動車D

12 単位量あたりの大きさ 速さ (3)

① つばめは，2時間で90kmを飛ぶことができます。

① このつばめの時速は何kmですか。
式　90÷2＝45
答え 時速45km

② このつばめの分速は何mですか。
式　45km＝45000m
　　45000÷60＝750
答え 分速750m

③ このつばめの秒速は何mですか。
式　750÷60＝12.5
答え 秒速12.5m

②  新幹線のぞみは3時間で630km進みました。

① 新幹線のぞみの時速は何kmですか。
式　630÷3＝210
答え 時速210km

② 新幹線のぞみの分速は何kmですか。
式　210÷60＝3.5
答え 分速3.5km

③ 新幹線のぞみの秒速は何mですか。
（四捨五入して，上から2けたのがい数で表しましょう。）
式　3.5km＝3500m
　　3500÷60＝58.3…
答え 秒速約58m

P.24

12 単位量あたりの大きさ
速さ (4)　名前

① チーターは，5秒間で150m走ることができます。

① このチーターの秒速は何mですか。
式 150÷5=30
答え **秒速30m**

② このチーターの分速は何kmですか。
式 30×60=1800
1800m=1.8km
答え **分速1.8km**

③ このチーターの時速は何kmですか。
式 1.8×60=108
答え **時速108km**

② 10分間で9kmを走るオートバイがあります。

① このオートバイの分速は何kmですか。
式 9÷10=0.9
答え **分速0.9km**

② このオートバイの時速は何kmですか。
式 0.9×60=54
答え **時速54km**

③ このオートバイの秒速は何mですか。
式 0.9km=900m
900÷60=15
答え **秒速15m**

24

12 単位量あたりの大きさ
速さ (5)　名前

① 3.5時間で252km進む自動車があります。

① この自動車の時速は何kmですか。
式 252÷3.5=72
答え **時速72km**

② この自動車の分速は何kmですか。
式 72÷60=1.2
答え **分速1.2km**

③ この自動車の秒速は何mですか。
式 1.2km=1200m
1200÷60=20
答え **秒速20m**

② 1.5時間で162km進む電車があります。

① この電車の時速は何kmですか。
式 162÷1.5=108
答え **時速108km**

② この電車の分速は何kmですか。
式 108÷60=1.8
答え **分速1.8km**

③ この電車の秒速は何mですか。
式 1.8km=1800m
1800÷60=30
答え **秒速30m**

P.25

12 単位量あたりの大きさ
速さ (6)　名前

① 高速道路を時速85kmで走る自動車があります。
3時間では，何kmの道のりを進むことができますか。

```
0    85    □  (km)
├──┼──┼──┤
0    1      (時間)
```

式 85×3=255
答え **255km**

② 分速1.5kmで飛ぶつばめは，20分間で何km進みますか。
式 1.5×20=30
答え **30km**

③ 秒速250mで飛んでいる飛行機があります。
40秒間では何km進みますか。
式 250×40=10000
10000m=10km
答え **10km**

25

12 単位量あたりの大きさ
速さ (7)　名前

① 時速40kmで走る自動車があります。
1.5時間では，何kmの道のりを進むことができますか。
式 40×1.5=60
答え **60km**

② 分速400mで走る自転車は，20分間で
何km進みますか。
式 400×20=8000
8000m=8km
答え **8km**

③ 時速240kmで進む新幹線のぞみは，0.5時間では何km
進みますか。
式 240×0.5=120
答え **120km**

P.26

12 単位量あたりの大きさ
速さ (8)　名前

① 時速220kmで走る新幹線は，京都～博多の660kmを何時間で
進むことができますか。

```
0    220      660  (km)
├──┼────┤
0    1      □  (時間)
```

式 660÷220=3
答え **3時間**

② 分速75mで歩く人がいます。その速さで
2.7km歩くとすると，かかる時間は何分ですか。
式 2.7km=2700m
2700÷75=36
答え **36分**

③ 陸から60kmはなれた沖に台風があります。その台風は，
時速24kmで陸に向かってまっすぐ進んでいます。
何時間後に上陸しますか。
式 60÷24=2.5
答え **2.5時間後**

26

12 単位量あたりの大きさ
速さ (9)　名前

① 分速850mで飛んでいるはとが，5.1kmを
進むのにかかる時間は何分ですか。
式 5.1km=5100m
5100÷850=6
答え **6分**

② 全長2.4kmの橋があります。その橋を
分速60mの速さで歩きます。
橋をわたりきるのに何分かかりますか。
式 2.4km=2400m
2400÷60=40
答え **40分**

③ 秒速8mで走る人は，60mを何秒で走ることができますか。
式 60÷8=7.5
答え **7.5秒**

P.27

12 単位量あたりの大きさ
速さ (10)　名前

● かみなりが発生した場所までのきょりを考えましょう。
音が空気中を伝わる速さは，およそ秒速340mです。
いなずまは，光るのと同時に見えたとします。

① いなずまが見えてから，8秒たって
かみなりの音が聞こえました。
かみなりから，音が聞こえた場所
までは，およそ何mありましたか。
式
340×8=2720
答え **2720m**

② 自分が，かみなりの場所から1500m以内にいると考えられるのは，
いなずまが見えてから音が聞こえるまでにかかる時間がおよそ何秒以内
のときですか。
四捨五入して，整数で答えましょう。
式 1500÷340=4.4…
答え **約4秒**

27

12 ふりかえり・たしかめ (1)
単位量あたりの大きさ　名前

① こうきさんの学校の児童数は120人で，
運動場の面積は1人あたり25m²です。

① こうきさんの学校の運動場の面積は
何m²ですか。
式 25×120=3000
答え **3000m²**

② 来年は，児童数が5人増える予定です。
来年の1人あたりの運動場の面積は，何m²になりますか。
式 3000÷(120+5)=24
答え **24m²**

② 右の表は，A市とB市の面積と人口を表しています。
どちらの人口密度が高いですか。

A市とB市の面積と人口

	面積 (km²)	人口 (人)
A市	72	18000
B市	55	13200

式 A市 18000÷72=250
B市 13200÷55=240
答え **A市**

95

P.28

⑫ ふりかえり・たしかめ (2)
単位量あたりの大きさ

□ 同じジュースが，A店とB店で売られています。
A店では，24本で2040円です。
B店では，20本で1600円です。
1本あたりのねだんは，どちらが高いですか。

式　A店 2040÷24=85
　　B店 1600÷20=80　　答え A店

② はやぶさは，5秒間で400mを飛びました。

① このはやぶさの秒速は何mですか。

式　400÷5=80

答え　秒速80m

② このはやぶさの分速は何kmですか。

式　80×60=4800
　　4800m=4.8km　　答え 分速4.8km

③ このはやぶさの時速は何kmですか。

式　4.8×60=288

答え　時速288km

⑫ ふりかえり・たしかめ (3)
単位量あたりの大きさ

□ 時速108kmで進む快速列車があります。
この快速列車は，1.5時間で何km進みますか。

式　108×1.5=162

答え　162km

② 自転車に乗って，秒速4mで進みます。

① 50秒間では，何m進みますか。

式　4×50=200

答え　200m

② 20分間では，何km進みますか。

式　20分=1200秒，4×1200=4800
　　(4×60=240，240×20=4800)
　　4800m=4.8km　　答え 4.8km

③ 家から学校まで720mあります。分速60mで歩くと，
家から学校まで何分かかりますか。

式　720÷60=12

答え　12分

28

P.29

⑫ まとめのテスト (1)
単位量あたりの大きさ

□ 東の畑は，3aで57kg，西の畑は，
80kgの玉ねぎがとれました。
どちらの畑がよくとれたといえますか。

式　東の畑 57÷3=19
　　西の畑 80÷5=16

答え　東の畑

② 右の表は，A，B，Cの
マットの面積とその
上に乗っている人数を
表したものです。

マットの面積と人数		
	面積(m²)	人数(人)
A	2	12
B	3	12
C	3	15

① AとBでは，どちらがこんでいますか。　　答え A
② BとCでは，どちらがこんでいますか。　　答え C
③ AとCでは，どちらがこんでいますか。
1m²あたりの人数でくらべましょう。

式　A 12÷2=6
　　C 15÷3=5　　AとCではＡがこんでいる。　答え A

④ A，B，Cを，こんでいる順にならべましょう。

A→C→B

③ 自動車Aは，18Lで270km走りました。
自動車Bは，35Lで560km走りました。

① 使うガソリンの量のわりに，長く走れるのは，
どちらですか。A，Bのどちらですか。

式　A 270÷18=15
　　B 560÷35=16　　答え B

② ガソリン1Lあたりで走れるきょりは，それぞれ何kmですか。

式　B 16×20=320
　　C 18×20=360

答え　B 320km C 360km

③ 自動車Dは，19Lで走ります。
自動車Dが570kmを走るには，何Lの
ガソリンが必要ですか。

式　570÷19=30

答え　30L

② 右の表は，A市と
B市の面積と人口です。
A市とB市の面積と人口

	面積(km²)	人口(人)
A市	16	32000
B市	15	27000

① A市とB市の人口密度を
どちらが高いですか。

式　A市 32000÷16=2000
　　B市 27000÷15=1800　答え A市

② 1km²あたりの人口で表すと，何といいますか。

答え　人口密度

29

P.30

⑫ まとめのテスト (2)
単位量あたりの大きさ

□ 右の表は，AさんとBさんが走った
時間と道のりを表したものです。
走った時間と道のり

	時間(秒)	道のり(m)
Aさん	5	32
Bさん	8	50

① 1秒あたりに進む道のりでくらべます。
1秒あたりに何m走ったかを比べましょう。

式　Aさん 32÷5=6.4
　　Bさん 50÷8=6.25　答え (Aさん)のほうが速い。

② どちらが速いですか。　　答え 秒速

② ある自動車は，2時間で90km走りました。

① この自動車の時速を求めましょう。

式　90÷2=45　　答え 時速45km

② この自動車の分速を求めましょう。

式　45÷60=0.75　　答え 分速0.75km(分速750m)

③ 分速2700mで飛ぶツバメがいます。
何kmですか。

式　2700m=2.7km
　　2.7×60=162　　答え 時速162km

④ 1.5時間で90km走る自動車Aがあります。

① 自動車Aの時速を求めましょう。

式　90÷1.5=60　　答え 時速60km

② 自動車Aは，2.5時間で何km進みますか。

式　60×2.5=150　　答え 150km

③ 自動車Bは，15kmを自動車Aと
同じ時間で走りました。どちらが速いですか。

式　15×60×60=54000
　　54000m=54km　　答え 自動車A

⑤ マグロは，1.2kmで15m進みます。

① マグロの分速を求めましょう。

式　1.2×60=72　　答え 時速72km

② マグロは，180kmを何時間で泳ぐことが
できますか。

式　180÷72=2.5　　答え 2.5時間

30

P.31

⑬ 四角形と三角形の面積
平行四辺形の面積の求め方 (1)

● 下の平行四辺形を長方形にして，面積を求めましょう。
長方形にしたことが分かるように，図にかいて，面積を求めましょう。

① (例)

式　4×6=24

答え　24cm²

② (例)

式　4×3=12

答え　12cm²

③ (例)

式　4×8=32

答え　32cm²

⑬ 四角形と三角形の面積
平行四辺形の面積の求め方 (2)

□ 次の平行四辺形の太線を底辺にすると，高さは㋐，㋑のどちらですか。□に記号を書きましょう。

①　㋑
②　㋐
③　㋐

② 次の平行四辺形の太線を底辺にしたときの高さを，図にかきましょう。

① (例)
② (例)
③ (例)
④ (例)

31

96

児童に実施させる前に，必ず指導される方が問題を解いてください。本書の解答は，あくまでも1つの例です。指導される方の作られた解答をもとに，本書の解答例を参考に児童の多様な考えに寄り添って○つけをお願いします。

P.32

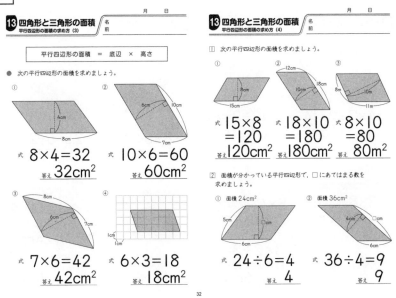

13 四角形と三角形の面積
平行四辺形の面積の求め方 (3) 名前

平行四辺形の面積 ＝ 底辺 × 高さ

● 次の平行四辺形の面積を求めましょう。

① 式 8×4=32 答え 32cm²

② 式 10×6=60 答え 60cm²

③ 式 7×6=42 答え 42cm²

④ 式 6×3=18 答え 18cm²

13 四角形と三角形の面積
平行四辺形の面積の求め方 (4) 名前

① 次の平行四辺形の面積を求めましょう。

① 式 15×8 =120 答え 120cm²

② 式 18×10 =180 答え 180cm²

③ 式 8×10 =80 答え 80m²

② 面積が分かっている平行四辺形で，□にあてはまる数を求めましょう。

① 面積 24cm² 式 24÷6=4 答え 4

② 面積 36cm² 式 36÷4=9 答え 9

P.33

13 四角形と三角形の面積
平行四辺形の面積の求め方 (5) 名前

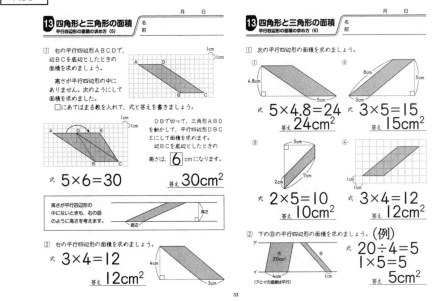

① 右の平行四辺形ABCDで，辺BCを底辺としたときの面積を求めましょう。

高さが平行四辺形の中にありません。次のようにして面積を求めました。

□にあてはまる数を入れて，式と答えを書きましょう。

DBで切って，三角形ABDを動かして，平行四辺形DBCEにして面積を求めます。

辺BCを底辺としたときの高さは，6cmになります。

式 5×6=30 答え 30cm²

高さが平行四辺形の中にないときも，右の図のように高さを考えます。

② 右の平行四辺形の面積を求めましょう。

式 3×4=12 答え 12cm²

13 四角形と三角形の面積
平行四辺形の面積の求め方 (6) 名前

① 次の平行四辺形の面積を求めましょう。

① 式 5×4.8=24 答え 24cm²

② 式 3×5=15 答え 15cm²

③ 式 2×5=10 答え 10cm²

④ 式 3×4=12 答え 12cm²

② 下の⑧の平行四辺形の面積を求めましょう。 (例)

式 20÷4=5
1×5=5
答え 5cm²

(アとイの直線は平行)

P.34

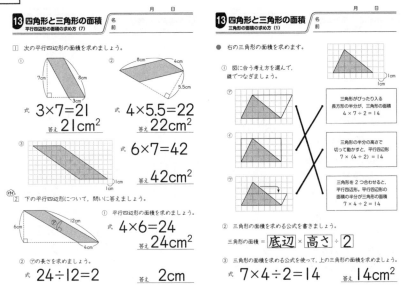

13 四角形と三角形の面積
平行四辺形の面積の求め方 (7) 名前

① 次の平行四辺形の面積を求めましょう。

① 式 3×7=21 答え 21cm²

② 式 4×5.5=22 答え 22cm²

③ 式 6×7=42 答え 42cm²

② 下の平行四辺形について，問いに答えましょう。

① 平行四辺形の面積を求めましょう。
式 4×6=24 答え 24cm²

② ⑦の長さを求めましょう。
式 24÷12=2 答え 2cm

13 四角形と三角形の面積
三角形の面積の求め方 (1) 名前

● 右の三角形の面積を求めます。

① 図に合う考え方を選んで，線でつなぎましょう。

⑦ — 三角形がぴったり入る長方形の半分が，三角形の面積。
4×7÷2=14

④ — 三角形の半分の高さで切って動かすと，平行四辺形の面積の半分が三角形の面積。
7×(4÷2)=14

⑦ — 三角形を2つ合わせると，平行四辺形。平行四辺形の面積の半分が三角形の面積。
7×4÷2=14

② 三角形の面積を求める公式を書きましょう。

三角形の面積 ＝ 底辺 × 高さ ÷ 2

③ 三角形の面積を求める公式を使って，上の三角形の面積を求めましょう。

式 7×4÷2=14 答え 14cm²

P.35

13 四角形と三角形の面積
三角形の面積の求め方 (2) 名前

① 次の三角形で，太線を底辺としたときの高さを図に書きましょう。

①   ②   ③   ④

② 次の三角形の面積を求めましょう。

① 式 10×5÷2=25 答え 25cm²

② 式 6×5÷2=15 答え 15cm²

13 四角形と三角形の面積
三角形の面積の求め方 (3) 名前

● 次の三角形の面積を求めましょう。

① 式 7×6÷2=21 答え 21cm²

② 式 8×3÷2=12 答え 12cm²

③ 式 8×6÷2=24 答え 24cm²

④ 式 5×8÷2=20 答え 20cm²

⑤ 式 6×4÷2=12 答え 12cm²

P.36

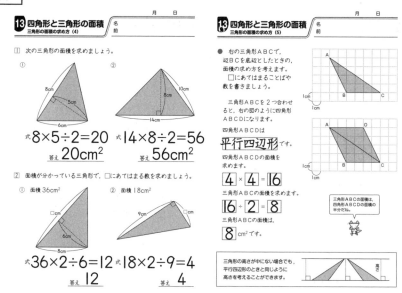

⑬ 四角形と三角形の面積
三角形の面積の求め方 (4)

① 次の三角形の面積を求めましょう。

① 式 8×5÷2=20　答え 20cm²

② 式 14×8÷2=56　答え 56cm²

② 面積が分かっている三角形で，□にあてはまる数を求めましょう。

① 面積 36cm²　式 36×2÷6=12　答え 12

② 面積 18cm²　式 18×2÷9=4　答え 4

⑬ 四角形と三角形の面積
三角形の面積の求め方 (5)

● 右の三角形ABCで，辺BCを底辺としたときの，面積の求め方を考えます。□にあてはまることばや数を書きましょう。

三角形ABCを2つ合わせると，右の図のように四角形ABCDになります。

四角形ABCDは 平行四辺形 です。

四角形ABCDの面積を求めます。

4 × 4 = 16

三角形ABCの面積を求めます。

16 ÷ 2 = 8

三角形ABCの面積は，

8 cm² です。

三角形の高さが中にない場合でも，平行四辺形のときと同じように高さを考えることができます。

P.37

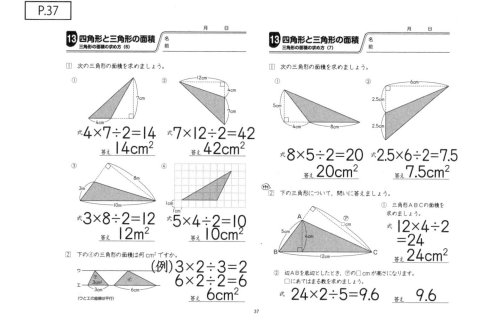

⑬ 四角形と三角形の面積
三角形の面積の求め方 (6)

① 次の三角形の面積を求めましょう。

① 式 4×7÷2=14　答え 14cm²

② 式 7×12÷2=42　答え 42cm²

③ 式 3×8÷2=12　答え 12m²

④ 式 5×4÷2=10　答え 10cm²

② 下の④の三角形の面積は何cm²ですか。

(例) 3×2÷3=2　6×2÷2=6　答え 6cm²

(ウとエの直線は平行)

⑬ 四角形と三角形の面積
三角形の面積の求め方 (7)

① 次の三角形の面積を求めましょう。

① 式 8×5÷2=20　答え 20cm²

② 式 2.5×6÷2=7.5　答え 7.5cm²

② 下の三角形について，問いに答えましょう。

① 三角形ABCの面積を求めましょう。

式 12×4÷2　=24　答え 24cm²

② 辺ABを底辺としたとき，⑦の□cmが高さになります。□にあてはまる数を求めましょう。

式 24×2÷5=9.6　答え 9.6

P.38

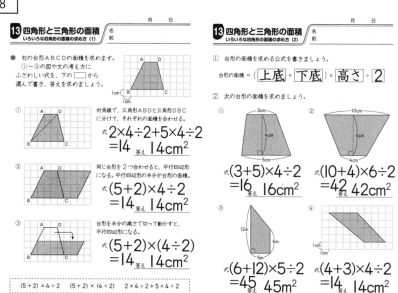

⑬ 四角形と三角形の面積
いろいろな四角形の面積の求め方 (1)

● 右の台形ABCDの面積を求めます。①～③の図や文の考え方にふさわしい式を，下の□□□から選んで書き，答えを求めましょう。

① 対角線で，三角形ABDと三角形DBCに分けて，それぞれの面積を合わせる。

式 2×4÷2+5×4÷2　=14　答え 14cm²

② 同じ台形を2つ合わせると，平行四辺形になる。平行四辺形の半分が台形の面積。

式 (5+2)×4÷2　=14　答え 14cm²

③ 台形を半分の高さで切って動かすと，平行四辺形になる。

式 (5+2)×(4÷2)　=14　答え 14cm²

(5+2)×4÷2　　(5+2)×(4÷2)　　2×4÷2+5×4÷2

⑬ 四角形と三角形の面積
いろいろな四角形の面積の求め方 (2)

① 台形の面積を求める公式を書きましょう。

台形の面積 = (上底 + 下底) × 高さ ÷ 2

② 次の台形の面積を求めましょう。

① 式 (3+5)×4÷2　=16　答え 16cm²

② 式 (10+4)×6÷2　=42　答え 42cm²

③ 式 (6+12)×5÷2　=45　答え 45m²

④ 式 (4+3)×4÷2　=14　答え 14cm²

P.39

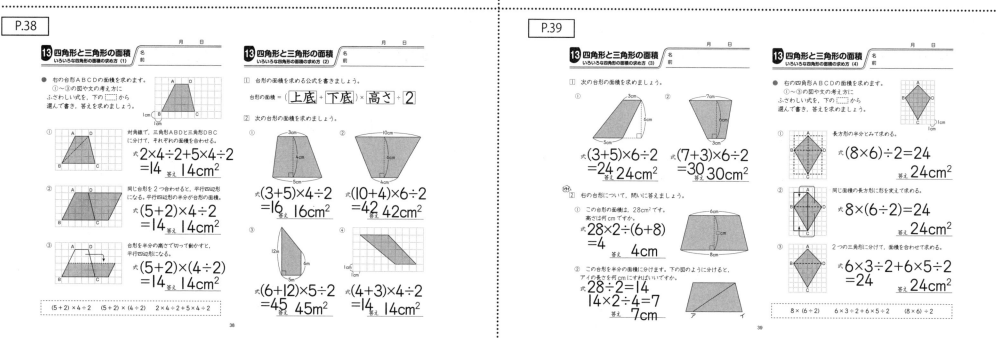

⑬ 四角形と三角形の面積
いろいろな四角形の面積の求め方 (3)

① 次の台形の面積を求めましょう。

① 式 (3+5)×6÷2　=24　答え 24cm²

② 式 (7+3)×6÷2　=30　答え 30cm²

② 右の台形について，問いに答えましょう。

① この台形の面積は，28cm²です。高さは何cmですか。

式 28×2÷(6+8)　=4　答え 4cm

② この台形を半分の面積に分けます。下の図のように分けると，アイの長さを何cmにすればいいですか。

式 28÷2=14　14×2÷4=7　答え 7cm

⑬ 四角形と三角形の面積
いろいろな四角形の面積の求め方 (4)

● 右の四角形ABCDの面積を求めます。①～③の図や文の考え方にふさわしい式を，下の□□□から選んで書き，答えを求めましょう。

① 長方形の半分とみて求める。

式 (8×6)÷2=24　答え 24cm²

② 同じ面積の長方形に形を変えて求める。

式 8×(6÷2)=24　答え 24cm²

③ 2つの三角形に分けて，面積を合わせて求める。

式 6×3÷2+6×5÷2　=24　答え 24cm²

8×(6÷2)　　6×3÷2+6×5÷2　　(8×6)÷2

P.40

⑬ 四角形と三角形の面積
いろいろな四角形の面積の求め方 (5)

① ひし形の面積を求める公式を書きましょう。

ひし形の面積 ＝ 一方の対角線 × もう一方の対角線 ÷ 2

② 次の四角形の面積を求めましょう。

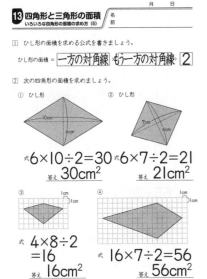

① ひし形
式 6×10÷2＝30
答え 30cm²

② ひし形
式 6×7÷2＝21
答え 21cm²

③
式 4×8÷2
＝16
答え 16cm²

④
式 16×7÷2＝56
答え 56cm²

⑬ 四角形と三角形の面積
三角形の高さと面積の関係

● 下のように，三角形の底辺の長さは変えないで，高さを1cm，2cm，3cm，…と変えていくときの，面積の変わり方を調べましょう。

① 高さが1，2，3，…と変わると，三角形の面積はどうなりますか。下の表に書きましょう。

高さ(cm)	1	2	3	4	5	6	7	8
面積(cm²)	3	6	9	12	15	18	21	24

② 高さが2倍，3倍，…になると，面積はどうなりますか。
（2倍，3倍，…になる。）

③ 三角形の面積は，高さに比例していますか。
（比例している。）

④ 高さが30cmのときの三角形の面積は，高さが6cmのときの三角形の面積の何倍ですか。何cm²ですか。
（ 5 ）倍で，（ 90 ）cm²

40

P.41

⑬ ふりかえり・たしかめ (1)
四角形と三角形の面積

① 次の図形の面積を求める公式を書きましょう。

① 平行四辺形の面積 ＝ 底辺×高さ

② 三角形の面積 ＝ 底辺×高さ÷2

③ 台形の面積 ＝ (上底＋下底)×高さ÷2

④ ひし形の面積 ＝ 一方の対角線×もう一方の対角線÷2

② 次の図形の面積を求めましょう。

①
式 6×4＝24
答え 24cm²

②
式 7×4÷2＝14
答え 14cm²

③
式 (4+7)×4÷2
＝22
答え 22cm²

④
式 4×8÷2＝16
答え 16cm²

⑬ ふりかえり・たしかめ (2)
四角形と三角形の面積

● 次の図形の面積を求めましょう。

① 平行四辺形
式 4×7＝28
答え 28cm²

②
式 6×8÷2＝24
答え 24cm²

③ 平行四辺形
式 3×6＝18
答え 18cm²

④
式 3×7÷2＝10.5
答え 10.5cm²

⑤ 台形
式 (3+5)×7÷2
＝28
答え 28m²

⑥
式 8×12÷2＝48
答え 48cm²

41

P.42

⑬ ふりかえり・たしかめ (3)
四角形と三角形の面積

① □にあてはまる数を求めましょう。

① 30cm²
式 30÷6＝5
答え 5 cm

② 12cm²
式 12×2÷4＝6
答え 6 cm

③ 台形 22cm²
式 22×2÷(3+7)
＝4.4
答え 4.4 cm

④ ひし形 27cm²
式 27×2÷9＝6
答え 6 cm

② 下の三角形④の面積は，三角形⑦の面積の何倍ですか。
(⑦と④の直線は平行)
（ 2倍 ）

⑬ ふりかえり・たしかめ (4)
四角形と三角形の面積

① 平行四辺形の底辺の長さを4cmと決めて，高さを1cm，2cm，3cm，…と変えていくと，面積はどのように変化しますか。

① 平行四辺形の高さと面積の変わり方を，表にまとめましょう。

高さ(cm)	1	2	3	4	5	6	7	8
面積(cm²)	4	8	12	16	20	24	28	32

② □にあてはまることばや数を書きましょう。
平行四辺形の高さが2倍，3倍，…になると，
面積も 2 倍，3 倍，…になります。
平行四辺形の面積は，高さに 比例 します。

③ 高さが20cmのときの面積は，高さが5cmのときの面積の何倍ですか。
（ 4倍 ）

② 右の台形④の面積は，台形⑦の面積の何倍になっていますか。
（ 2倍 ）

42

P.43

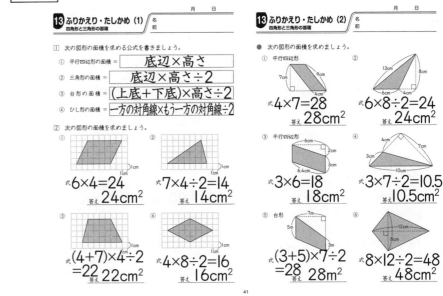

⑬ まとめのテスト
四角形と三角形の面積

① 下の平行四辺形について，問いに答えましょう。(5・4)

① 上の平行四辺形の面積を求めましょう。
式 7×3＝21
答え 21cm²

② □にあてはまる数を求めましょう。
式 21÷5＝4.2
答え 4.2

③ 下の図のように，三角形の底辺の長さは変えないで，高さを変えていきます。(10×3)

高さ(cm)	1	2	3	4	5	6	7	8
面積(cm²)	1.5	3	4.5	6	7.5	9	10.5	12

① 表にあてはまる数を書き入れましょう。
② □にあてはまる数を書きましょう。
高さが2倍，3倍，…になると，面積は 比例 します。
③ 高さが15cmになると，面積は，高さが5cmのときの何倍になりますか。
（ 3倍 ）

② 次の図形の面積を求めましょう。(5×10)

① 平行四辺形
式 4×5.5＝22
答え 22cm²

② 平行四辺形
式 4×3＝12
答え 12cm²

③
式 6×2.5÷2＝7.5
答え 7.5cm²

④
式 (4+6)×3.6÷2
＝18
答え 18cm²

⑤ ひし形
式 8×5÷2＝20
答え 20cm²

43

99

P.44

14 割合 割合（1）

● AさんとBさんがシュートした回数と入った回数は，下の表のとおりです。
どちらがよく成功したといえますか。

シュートの練習の記録

	入った回数（回）	シュートした回数（回）
Aさん	6	12
Bさん	4	10

① Aさんの入った回数は，シュートした回数の何倍になっていますか。

式 $6 \div 12 = 0.5$

答え 0.5倍

② Bさんの入った回数は，シュートした回数の何倍になっていますか。

式 $4 \div 10 = 0.4$

答え 0.4倍

③ どちらがシュートがよく成功したといえますか。 （ Aさん ）

44

14 割合 割合（2）

● CさんとDさんとEさんがシュートした回数と入った回数は，下の表のとおりです。
よく成功したといえるのはだれですか。

シュートの練習の記録

	入った回数（回）	シュートした回数（回）
Cさん	9	15
Dさん	11	20
Eさん	16	25

① Cさんの入った回数は，シュートした回数の何倍ですか。

式 $9 \div 15 = 0.6$

答え 0.6倍

② Dさんの入った回数は，シュートした回数の何倍ですか。

式 $11 \div 20 = 0.55$

答え 0.55倍

③ Eさんの入った回数は，シュートした回数の何倍ですか。

式 $16 \div 25 = 0.64$

答え 0.64倍

④ シュートがよく成功した順に書きましょう。 E → C → D

P.45

14 割合 割合（3）

● クラブ希望調査をすると，マンガクラブ，スポーツクラブ，料理クラブの結果は下の表のようになりました。
それぞれのクラブの定員を1とみたとき，希望者数はどれだけにあたるかを表した数（割合）を求めましょう。

クラブ活動希望調べ

	定員（人）	希望者数（人）
マンガクラブ	20	32
スポーツクラブ	25	38
料理クラブ	18	27

① マンガクラブ

式 $32 \div 20 = 1.6$

答え 1.6

② スポーツクラブ

式 $38 \div 25 = 1.52$

答え 1.52

③ 料理クラブ

式 $27 \div 18 = 1.5$

答え 1.5

45

14 割合 割合（4）

● A，B，Cのバスの定員と乗車人数を調べると，下のとおりでした。
どのバスが混んでいますか。定員をもとにした，乗車人数の割合で比べてみましょう。

バスの乗車人数調べ

	定員（人）	乗車人数（人）
Aバス	40	50
Bバス	50	65
Cバス	30	24

① Aバス

式 $50 \div 40 = 1.25$

答え 1.25

② Bバス

式 $65 \div 50 = 1.3$

答え 1.3

③ Cバス

式 $24 \div 30 = 0.8$

答え 0.8

④ 混んでいる割合が大きい順に書きましょう。 B → A → C

P.46

14 割合 割合（5）

① 小数や整数で表した割合を，百分率で表しましょう。
① 0.27 （27%） ② 0.19 （19%）
③ 0.06 （6%） ④ 0.05 （5%）
⑤ 1.24 （124%） ⑥ 1.08 （108%）
⑦ 0.6 （60%） ⑧ 0.5 （50%）
⑨ 0.387 （38.7%） ⑩ 0.702 （70.2%）
⑪ 1 （100%） ⑫ 2 （200%）

② 百分率で表した割合を，小数で表しましょう。
① 58% （0.58） ② 4% （0.04）
③ 80% （0.8） ④ 20% （0.2）
⑤ 53.6% （0.536） ⑥ 0.9% （0.009）
⑦ 140% （1.4） ⑧ 100% （1）

46

14 割合 割合（6）

① かなさんの学校の5年生は80人で，そのうち，家でペットを飼っている人は，32人です。
5年生の人数をもとにした，ペットを飼っている人数の割合を％で表しましょう。

式 $32 \div 80 = 0.4$
$0.4 \times 100 = 40$

答え 40%

② 面積が200m²の公園があります。そのうち，70m²がしばふになっています。
公園の面積をもとにした，しばふの割合を％で表しましょう。

式 $70 \div 200 = 0.35$
$0.35 \times 100 = 35$

答え 35%

③ るいさんは，本を40さつ持っています。そのうち，26さつは物語です。
持っている本の数をもとにした，物語の本の割合を百分率で表しましょう。

式 $26 \div 40 = 0.65$
$0.65 \times 100 = 65$

答え 65%

P.47

14 割合 割合（7）

① 小数や整数で表した割合を，百分率で表しましょう。
① 0.8 （80%） ② 0.45 （45%）
③ 1.05 （105%） ④ 0.409 （40.9%）
⑤ 2.5 （250%） ⑥ 3 （300%）
⑦ 0.07 （7%） ⑧ 0.031 （3.1%）
⑨ 0.005 （0.5%） ⑩ 1.2 （120%）

② 分数で表した割合を，百分率で表しましょう。
① $\frac{39}{100}$ （39%） ② $\frac{3}{100}$ （3%）
③ $\frac{7}{10}$ （70%） ④ $\frac{1}{10}$ （10%）
⑤ $\frac{2}{5}$ （40%） ⑥ $\frac{5}{8}$ （62.5%）

47

14 割合 割合（8）

① 百分率で表した割合を，小数や整数で表しましょう。
① 8% （0.08） ② 72% （0.72）
③ 30.6% （0.306） ④ 130% （1.3）
⑤ 0.5% （0.005） ⑥ 100% （1）
⑦ 25.6% （0.256） ⑧ 30.7% （0.307）

② 百分率で表した割合を，小数と分数で表しましょう。

	小数	分数
① 60%	0.6	$\frac{3}{5}$
② 75%	0.75	$\frac{3}{4}$
③ 4%	0.04	$\frac{1}{25}$
④ 108%	1.08	$\frac{27}{25}$
⑤ 37.5%	0.375	$\frac{3}{8}$

P.48

14 割合
割合 (9)

名前

● 下の表は，割合を表す小数や整数と，百分率，歩合との関係を表しています。表を参考にして，下の①〜⑥の歩合を，小数か整数と，百分率で表しましょう。

割合を表す小数・整数	1	0.1	0.01	0.001
百分率	100%	10%	1%	0.1%
歩合	10割	1割	1分	1厘

歩合	小数か整数	百分率
① 3割	(0.3)	(30%)
② 2割	(0.2)	(20%)
③ 1割5分	(0.15)	(15%)
④ 10割	(1)	(100%)
⑤ 2割8分6厘	0.286	28.6%
⑥ 3割5分7厘	0.357	35.7%

48

14 割合
百分率の問題 (1)

名前

① 380mL のジュースがあります。果じゅうが 30%ふくまれています。
このジュースに入っている果じゅうは何 mL ですか。

式　30%＝0.3
　　380×0.3＝114

答え 114mL

② 5年生の人数は 120人で，その中で習いごとをしている人の割合は 45% です。
習いごとをしている人は何人ですか。

式　45%＝0.45
　　120×0.45＝54

答え 54人

③ 600 円の色えんぴつセットを，もとのねだんの 80% で買いました。
代金は何円でしたか。

式　80%＝0.8
　　600×0.8＝480

答え 480円

P.49

14 割合
百分率の問題 (2)

名前

① 定員 40人のバスに，定員の 80% の人が乗っています。
このバスに乗っている人は何人ですか。

式　80%＝0.8
　　40×0.8＝32

答え 32人

② 図書館には 1500 さつの本があります。
そのうち 14% は絵本です。
図書館にある絵本は何さつですか。

式　14%＝0.14
　　1500×0.14＝210

答え 210さつ

③ りつさんは，4500 円のくつを，もとのねだんの 85% のねだんで買いました。
代金はいくらでしたか。

式　85%＝0.85
　　4500×0.85＝3825

答え 3825円

14 割合
百分率の問題 (3)

名前

① 定価 3500 円のセーターを定価の 80% のねだんで買いました。
代金はいくらでしたか。

式　80%＝0.8
　　3500×0.8＝2800

答え 2800円

② 定員 48人のバスに，定員の 125% の人が乗っています。
このバスに乗っている人は何人ですか。

式　125%＝1.25
　　48×1.25＝60

答え 60人

③ ジュースが 1L あります。このジュースには 5% の果じゅうがふくまれています。
このジュースに入っている果じゅうは何 mL ですか。

式　1L＝1000mL
　　5%＝0.05
　　1000×0.05＝50　　答え 50mL

49

P.50

14 割合
百分率の問題 (4)

名前

① ポテトチップスが増量になって，1ふくろ180gで売られています。
180gは，増量前の量の 120%にあたります。
増量前のポテトチップスは1ふくろ何gですか。

式　120%＝1.2
　　180÷1.2＝150

答え 150g

② ポップコーンが増量になって，1ふくろ150gで売られています。
150gは，増量前の量の 125%にあたります。
増量前のポップコーンは1ふくろ何gですか。

式　125%＝1.25
　　150÷1.25＝120

答え 120g

③ あるスーパーでは，今日，トマト1パックが153円で売られています。このねだんは，昨日のねだんの90%にあたります。
昨日のトマト1パックのねだんはいくらでしたか。

式　90%＝0.9
　　153÷0.9＝170

答え 170円

50

14 割合
百分率の問題 (5)

名前

① 科学クラブの入部希望者は48人で，これは定員の150%にあたります。
科学クラブの定員は何人ですか。

式　150%＝1.5
　　48÷1.5＝32

答え 32人

② れいなさんの学校の5年生は96人で，これは学校全体の15%です。
れいなさんの学校の全校の児童数は何人ですか。

式　15%＝0.15
　　96÷0.15＝640

答え 640人

③ 公園のすなばは30m²で，これは公園全体の約7%にあたります。
公園全体の面積は何m²ですか。
答えは，四捨五入して，整数で求めましょう。

式　7%＝0.07
　　30÷0.07＝428.5…

答え 約429m²

P.51

14 割合
百分率の問題 (6)

名前

① 東京都の森林面積は約760km²で，都の面積の約36%にあたるそうです。
東京都の面積は，約何km²ですか。四捨五入して，上から2けたのがい数で表しましょう。

式　36%＝0.36
　　760÷0.36
　　＝2111.1…

答え 約2100km²

② 福岡県の子どもの人口は，約720000人で，これは県の人口の約14%にあたるそうです。福岡県の人口は，約何人ですか。
四捨五入して，上から2けたのがい数で表しましょう。

式　14%＝0.14
　　720000÷0.14
　　＝5142857.1…

答え 約5100000人

③ 水分を223gふくんでいるももがあります。
これは，もも全体の重さの約88%です。
このももの重さは約何gですか。四捨五入して，上から2けたのがい数で表しましょう。

式　88%＝0.88
　　223÷0.88
　　＝253.4…

答え 約250g

14 割合
練習 (1)

名前

① 小数や整数で表した割合を，百分率で表しましょう。

① 0.04　(4%)　　② 0.5　(50%)

③ 2　(200%)　　④ 0.48　(48%)

⑤ 1.7　(170%)　　⑥ 0.375　37.5%

② 百分率で表した割合を，小数や整数で表しましょう。

① 5%　(0.05)　　② 62%　(0.62)

③ 20%　(0.2)　　④ 100%　(1)

⑤ 270%　(2.7)　　⑥ 4.7%　0.047

③ 次の答えを求めましょう。

① 7.5mをもとにした，6mの割合は何%ですか。

式　6÷7.5＝0.8
　　0.8×100＝80

答え 80%

② 12kgの40%は何kgですか。

式　40%＝0.4
　　12×0.4＝4.8

答え 4.8kg

51

P.52

14 割合 練習(2) 名前 月 日

● 次の答えを求めましょう。

① 200人をもとにすると，140人は何%ですか。
式 $140÷200=0.7$
$0.7×100=70$
答え 70%

② 25mをもとにした，35mの割合は何%ですか。
式 $35÷25=1.4$
$1.4×100=140$
答え 140%

③ 28m²の60%は何m²ですか。
式 $60\%=0.6$
$28×0.6=16.8$
答え 16.8m²

④ 800円の75%は何円ですか。
式 $75\%=0.75$
$800×0.75=600$
答え 600円

⑤ 14Lが全体の40%にあたる水そうの水は，何Lですか。
式 $40\%=0.4$
$14÷0.4=35$
答え 35L

⑥ 4m²の花だんが20%にあたる庭全体の面積は，何m²ですか。
式 $20\%=0.2$
$4÷0.2=20$
答え 20m²

14 割合 練習(3) 名前 月 日

① ある農家の畑全体 60aのうち，9aがじゃがいも畑です。じゃがいも畑は，畑全体の何%ですか。

式 $9÷60=0.15$
$0.15×100=15$
答え 15%

② ある農家では，畑全体の25%にあたる550m²をキャベツ畑としました。畑全体の面積は何m²ですか。
式 $25\%=0.25$
$550÷0.25=2200$
答え 2200m²

③ 80人が定員の電車に，定員の120%にあたる人が乗っています。電車に乗っている人は何人ですか。
式 $120\%=1.2$
$80×1.2=96$
答え 96人

④ 列車に28人が乗っています。これは列車の定員の35%にあたります。この列車の定員は何人ですか。
式 $35\%=0.35$
$28÷0.35=80$
答え 80人

52

P.53

14 割合 わりびき，わりましの問題(1) 名前 月 日

① 1800円のシャツを，20%びきのねだんで買いました。代金はいくらですか。
式 $20\%=0.2$
$1800×(1-0.2)=1440$
答え 1440円

② クレヨンセット750円が30%びきのねだんで売っています。何円になっていますか。
式 $30\%=0.3$
$750×(1-0.3)=525$
答え 525円

③ 1500円の入園料が，特別に25%びきになっています。入園料はいくらですか。
式 $25\%=0.25$
$1500×(1-0.25)=1125$
答え 1125円

14 割合 わりびき，わりましの問題(2) 名前 月 日

① ぼうしの仕入れのねだんは1600円でした。利益を40%加えて売ります。売るねだんはいくらですか。
式 $40\%=0.4$
$1600×(1+0.4)$
$=2240$
答え 2240円

② いつもは120g入りのおかしが，25%増量になっています。何gになっていますか。
式 $25\%=0.25$
$120×(1+0.25)=150$
答え 150g

③ 20000円の電気製品があります。消費税（10%）を加えると，支はらう金がくは，何円になりますか。
式 $10\%=0.1$
$20000×(1+0.1)$
$=22000$
答え 22000円

53

P.54

14 割合 わりびき，わりましの問題(3) 名前 月 日

● A店とB店で同じパンを売っています。A店は，どのパンも50円びきにしました。B店は，どのパンも2わりびきにしました。（2わりびきは，20%びきのこと）次のパンを買うとき，A店，B店のどちらのほうがお得ですか。

① 200円のパンを1個買う場合
A店 $200-50=150$
B店 $200×(1-0.2)=160$
お得なのは A店

② 250円のパンを1個買う場合
A店 $250-50=200$
B店 $250×(1-0.2)=200$
お得なのは どちらも同じ

③ 300円の食パンを1個買う場合
A店 $300-50=250$
B店 $300×(1-0.2)=240$
お得なのは B店

14 ふりかえり・たしかめ(1) 割合 名前 月 日

① 表のあいているところに，あてはまる数を書きましょう。

割合を表す小数や整数	0.25	0.7	1	1.52	0.05
百分率	25%	70%	100%	152%	5%

② □にあてはまることばや数を書きましょう。

① 割合 = 比べられる量 ÷ もとにする量

② 比べられる量 = もとにする量 × 割合

③ もとにする量 = 比べられる量 ÷ 割合

④ 6mは，15mの 40 %です。

⑤ 24Lの20%は，4.8 Lです。

⑥ 8kgが25%にあたる重さは，32 kgです。

⑦ 30kgは40kgの 75 %です。

⑧ 21人が定員の42%にあたるときの定員は，50 人です。

54

P.55

14 ふりかえり・たしかめ(2) 割合 名前 月 日

① かずきさんは，サッカーのシュートの練習をしました。50回シュートをして，37回成功しました。シュートが成功した割合は，何%ですか。
式 $37÷50=0.74$
$0.74×100=74$
答え 74%

② 町の中央にある公園は，2000m²で，そのうちの8%が花だんです。花だんの面積は何m²ですか。
式 $8\%=0.08$
$2000×0.08=160$
答え 160m²

③ たいがさんの学校で虫歯のある人は，57人です。これは，全校児童の30%にあたります。たいがさんの学校の児童数は，何人ですか。
式 $30\%=0.3$
$57÷0.3=190$
答え 190人

14 ふりかえり・たしかめ(3) 割合 名前 月 日

① □にあてはまる数を書きましょう。

① 20mの40%は 8 mです。

② 18Lは，30Lの 60 %です。

③ 6mが15%にあたるテープの長さは，40 mです。

② 昨日は，りんご1ふくろが450円でした。今日になると，それを20%びきで売っていたので買いました。代金はいくらですか。
式 $20\%=0.2$
$450×(1-0.2)$
$=360$
答え 360円

③ Tシャツの仕入れのねだんは800円でした。利益を40%加えて売ります。売るねだんはいくらですか。

式 $40\%=0.4$
$800×(1+0.4)$
$=1120$
答え 1120円

55

P.60

15 帯グラフと円グラフ
帯グラフと円グラフ (7)　名前

● 外食で食べたい料理を，アンケートで1つずつ選んでもらいました。下の表は，それをまとめたものです。

① それぞれの人数が全体の何％になるかを求めて，表に書きましょう。
② 表の割合を，円グラフや帯グラフにかきましょう。

外食で食べたい料理

料理名	人数(人)	百分率(%)
すし	24	30
焼き肉	20	25
カレー	4	5
ラーメン	16	20
ハンバーガー	8	10
その他	8	10
合計	80	100

※割合の大きい順にグラフに表しましょう。

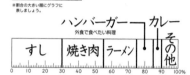

15 帯グラフと円グラフ
帯グラフと円グラフ (8)　名前

● 下の表は，ある日に図書室で75人が借りた本の種類ごとの人数をまとめたものです。

① それぞれの人数が全体の何％になるかを求めて，表に書きましょう。
② 表の割合を，円グラフや帯グラフにかきましょう。

借りた本の種類

種類名	人数(人)	百分率(%)
絵本	15	20
物語	24	32
伝記	12	16
歴史	6	8
図かん	10	13
その他	8	11
合計	75	100

※わりきれない場合は，四捨五入して，百分率を整数で表しましょう。
※割合の大きい順にグラフに表しましょう。

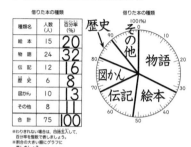

借りた本の種類

60

P.61

15 帯グラフと円グラフ
帯グラフと円グラフ (9)　名前

● 下の帯グラフは，20年前と今の5年生に，「好きなスポーツ」についてアンケートをした結果をまとめたものです。下の問いに答えましょう。

好きなスポーツ (5年生)

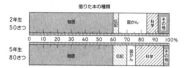

① 野球が好きな人の割合は，何％から何％になりましたか。
35 %から 22 %

② 20年前と比べて，いちばん割合が増えているのは何ですか。また，それは何倍になっていますか。
(バスケットボール)で，(2)倍

③ サッカーが好きな人の割合は，20年前も今も20％ですが，人数も同じですか。人数を求めましょう。
20年前　式 20%=0.2
120×0.2=24　答え 24人
今　式 90×0.2=18　答え 18人

15 帯グラフと円グラフ
帯グラフと円グラフ (10)　名前

● 下の帯グラフは，2年生と5年生が図書室で借りた本の種類について調べた結果をまとめたものです。下の問いに答えましょう。

借りた本の種類

① 5年生のほうが割合が2倍以上になっているのは，何と何ですか。
(伝記)・(科学)

② 5年生のほうが割合が減っているのは何ですか。
(図かん)

③ 物語の割合が，2年生も5年生も60％ですが，さっ数も同じですか。それぞれさっ数を求めましょう。
2年生　式 60%=0.6
50×0.6=30　答え 30さつ
5年生　式 80×0.6=48　答え 48さつ

61

P.62

15 ふりかえり・たしかめ (1)
帯グラフと円グラフ　名前

● 下の円グラフは，1年生と5年生で「好きな食べ物」について調べてまとめたものです。下の問いに答えましょう。

好きな食べ物

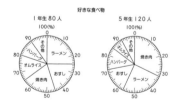

① おすしが好きな人はそれぞれ何％ですか。
1年生 20 %　5年生 15 %

② 1年生と5年生で，割合が同じものは何ですか。また，その食べ物のそれぞれの人数を求めましょう。
(ラーメン)
1年生　式 25%=0.25
80×0.25=20　答え 20人
5年生　式 120×0.25=30　答え 30人

15 ふりかえり・たしかめ (2)
帯グラフと円グラフ　名前

● 右の表は，2学期にけがをした場所別の人数とその割合を調べてまとめたものです。

けがをした場所別の人数と割合

場所	人数(人)	百分率(%)
運動場	76	38
体育館	52	26
教室	24	12
ろう下	38	19
その他	10	5
合計	200	100

① 右の表のあいているところに，あてはまる数を書きましょう。

② 運動場と体育館でけがをした人の割合をあわせると，全体の60％をこえますか。
(こえる。)

③ 運動場でけがをした人は，ろう下でけがをした人の何倍ですか。
(2)倍

④ けがをした場所別の人数の割合を，右の円グラフにかきましょう。
けがをした場所別の人数の割合

62

P.63

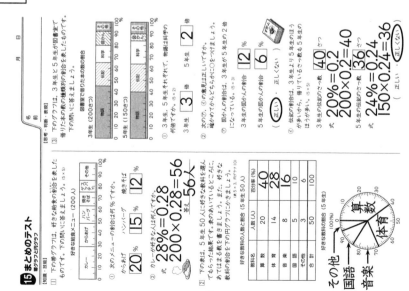

15 まとめのテスト
帯グラフと円グラフ

104

P.64

⑯ 変わり方調べ
変わり方調べ (1)

名前

月 日

● 長さの等しいぼうで，下の図のように正方形を作って，横にならべていきます。

① 正方形が次の数のときの，ぼうは何本ですか。

⑦ 正方形が１こ　**4** 本　　④ 正方形が２こ　**7** 本

⑦ 正方形が３こ　**10** 本

② 正方形の数 □こと，ぼうの数 ○本の関係を表しましょう。

正方形の数 □(こ)	1	2	3	4	5	6
ぼうの数 ○(本)	4	7	10	13	16	19

③ ぼうの数 ○本は，正方形の数 □こに比例していますか。
また，そう考えた理由も書きましょう。

（ 比例している ・ 比例していない ）　 どちらかに○をつけよう。

理由
正方形の数が２倍，３倍，…になっても
ぼうの数は２倍，３倍，…になっていないから。

⑯ 変わり方調べ
変わり方調べ (2)

名前

月 日

● 長さの等しいぼうで，右の図のように正方形を作って，横にならべていきます。

正方形の数 □こと，ぼうの数 ○本の関係を表すと，下のようになります。下の問いに答えましょう。

正方形の数 □(こ)	1	2	3	4	5	6
ぼうの数 ○(本)	4	7	10	13	16	19

① 正方形の数が１こ増えるごとに，ぼうの数は何本ずつ増えていますか。

（ 3本ずつ ）

② 正方形の数 □こと，ぼうの数 ○本の関係を式に表します。
（　）にあてはまる数を書きましょう。

$1 + (3) × □ = ○$

③ ②の式を使って，次のときぼうの本数を求めましょう。

⑦ 正方形が10このとき

式　$1+3×10=31$　　答え　**31本**

④ 正方形が20このとき

式　$1+3×20=61$　　答え　**61本**

64

P.65

⑯ 変わり方調べ
変わり方調べ (3)

名前

月 日

● 長さの等しいぼうで，下の図のように正三角形を作って，横にならべていきます。

① 正三角形が次の数のときの，ぼうは何本ですか。

⑦ 正三角形が１こ　**3** 本　　④ 正三角形が２こ　**5** 本

⑦ 正三角形が３こ　**7** 本

② 正三角形の数 □こと，ぼうの数 ○本の関係を表しましょう。

正三角形の数 □(こ)	1	2	3	4	5	6
ぼうの数 ○(本)	3	5	7	9	11	13

③ 正三角形の数が１こ増えるごとに，ぼうの数は何本ずつ増えていますか。

（ 2本ずつ ）

④ ぼうの数 ○本は，正三角形の数 □こに比例していますか。

（ 比例している ・ 比例していない ）　どちらかに○をつけよう。

⑯ 変わり方調べ
変わり方調べ (4)

名前

月 日

● 長さの等しいぼうで，右の図のように正三角形を作って，横にならべていきます。

正三角形の数 □こと，ぼうの数 ○本の関係を表すと，下のようになります。下の問いに答えましょう。

正三角形の数 □(こ)	1	2	3	4	5	6
ぼうの数 ○(本)	3	5	7	9	11	13

① 正三角形の数 □こと，ぼうの数 ○本の関係を式に表します。
（　）にあてはまる数を書きましょう。

$1 + (2) × □ = ○$

② ①の式を使って，次のときぼうの本数を求めましょう。

⑦ 正三角形が17このとき

式　$1+2×17=35$　　答え　**35本**

④ 正三角形が23このとき

式　$1+2×23=47$　　答え　**47本**

⑦ 正三角形が46このとき

式　$1+2×46=93$　　答え　**93本**

65

P.66

⑯ 変わり方調べ
変わり方調べ (5)

名前

月 日

● 110円の下じき１まいと，１本80円のえんぴつを何本か買ったときの代金を求めます。

① えんぴつの本数を □本，代金を ○円として，変わり方を表に書きましょう。

えんぴつの数 □(本)	1	2	3	4	5	6
代金 ○(円)	190	270	350	430	510	590

② えんぴつの数 □本と，代金 ○円の関係を式に表します。
（　）にあてはまる数を書きましょう。

$110 + (80) × □ = ○$

③ ②の式を使って，次のときの代金を求めましょう。

⑦ えんぴつが12本のとき

式　$110+80×12=1070$

答え　**1070円**

④ えんぴつが20本のとき

式　$110+80×20=1710$

答え　**1710円**

⑯ ふりかえり・たしかめ
変わり方調べ

名前

月 日

● 同じつくえを横にならべて，下の図のようにすわっていきます。

① つくえの数を □台，すわる人数を ○人として，変わり方を表に書きましょう。

つくえの数 □(台)	1	2	3	4	5	6
すわる人数 ○(人)	6	10	14	18	22	26

② つくえの数 □台と，すわる人数 ○人の関係を式に表します。
（　）にあてはまる数を書きましょう。

$2 + (4) × □ = ○$

③ つくえの数が次のときの人数を求めましょう。

⑦ 8台

式　$2+4×8=34$　　答え　**34人**

④ 15台

式　$2+4×15=62$　　答え　**62人**

66

P.67

⑯ まとめのテスト
変わり方調べ

〔思考・判断・表現〕

(1) 長さの等しいぼうで，下の図のように台形を作って，横にならべていきます。

① 台形の数 □こと，ぼうの数 ○本の関係を表に書きます，あいているところに数を書きましょう。(20)

台形の数 □(こ)	1	2	3	4	5	6
ぼうの数 ○(本)	7	12	17	22	27	32

② 台形の数 □こと，ぼうの数 ○本の関係を式に表します。
（　）にあてはまる数を書きましょう。(10)

$2 + (5) × □ = ○$

③ 台形の数が次のときの，ぼうの本数を求めましょう。(5点4)

⑦ 18こ

式　$2+5×18=92$　　答え　**92本**

④ 35こ

式　$2+5×35=177$　　答え　**177本**

(2) 長さの等しいぼうで，下の図のように正方形を作って，横にならべていきます。

① 正方形の数 □こと，ぼうの数 ○本の関係を表に書きます，あいているところに数を書きましょう。(20)

正方形の数 □(こ)	1	2	3	4	5	6
ぼうの数 ○(本)	4	7	10	13	16	19

② 正方形の数 □こと，ぼうの数 ○本の関係を式に表します。
（　）にあてはまる数を書きましょう。(10)

$1 + (3) × □ = ○$

③ 正方形の数が次のときの，ぼうの本数を求めましょう。(5点4)

⑦ 15こ

式　$1+3×15=46$　　答え　**46本**

④ 43こ

式　$1+3×43=130$　　答え　**130本**

67

解答 ▶ 児童に実施させる前に，必ず指導される方が問題を解いてください。本書の解答は，あくまでも1つの例です。指導される方の作られた解答をもとに，本書の解答例を参考に児童の多様な考えに寄り添って○つけをお願いします。

P.68

17 正多角形と円周の長さ
正多角形 (1)　名前

① 下の多角形は，辺の長さも角の大きさもすべて等しい正多角形です。
（　）に名前を書きましょう。

① （正八角形）　② （正六角形）　③ （正五角形）

④ （正三角形）　⑤ （正四角形（正方形））　⑥ （正七角形）

② ひし形は，4本の辺の長さが等しい四角形です。
（　）の中のどちらかに○をつけましょう。また，その理由も書きましょう。

（ いえる ・ ⑪いえない ）

ひし形

理由
角の大きさはすべて等しくないから。

68

17 正多角形と円周の長さ
正多角形 (2)　名前

● 円を使って正八角形をかきます。

① 中心の角を8等分します。
⑦の角度を何度にすればいいですか。

式　360÷8=45

答え　45°

② 下の円を使って，正八角形をかきましょう。

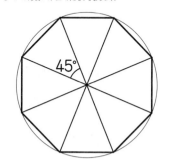
45°

P.69

17 正多角形と円周の長さ
正多角形 (3)　名前

● 円を使って正五角形をかきます。

① 中心の角を5等分します。
⑦の角度を何度にすればいいですか。

式　360÷5=72

答え　72°

② 下の円を使って，正五角形をかきましょう。

略

③ 正五角形をかいた方法で，正六角形をかきましょう。

略

69

17 正多角形と円周の長さ
正多角形 (4)　名前

● 正六角形を，コンパスを使ってかいてみましょう。

① 右の図を見て，（　）に
あてはまることばを書きましょう。

正六角形にできる6つの三角形は，
合同な（正三角形）です。

だから，辺の長さと角の大きさは
（等しい）です。

正六角形の1辺の長さは，円の（半径）と同じ長さです。

② 円のまわりをコンパスで等しく区切って，正六角形をかきましょう。

略

P.70

17 正多角形と円周の長さ
円のまわりの長さ (1)　名前

① □□□には，あてはまることばを，（　）には数字を，下の□□□から選んで書きましょう。(同じことばや数字を2回使ってもいいです。)

① 円のまわりを 円周 といいます。

② どんな大きさの円でも，円周の長さ÷直径＝約（3.14）です。

③ 円周の長さが，直径の何倍になっているかを表す数を 円周率 といい，約（3.14）倍です。

④ 円周の長さは，次の式で求められます。

円周の長さ＝ 直径 × 円周率

| 円周 | 直径 | 半径 | 円周率 | 直径率 | 3.56 | 3.14 |

② 次の円の円周の長さを求めましょう。

式　10×3.14
=31.4

答え　31.4cm

70

17 正多角形と円周の長さ
円のまわりの長さ (2)　名前

● 次の円の円周の長さを求めましょう。

① 8cm
式　8×3.14
=25.12
答え　25.12cm

② 3cm
式　3×2×3.14
=18.84
答え　18.84cm

③ 5m
式　5×3.14
=15.7
答え　15.7m

④ 2m
式　2×2×3.14
=12.56
答え　12.56m

⑤ 直径20cmの円
式　20×3.14
=62.8
答え　62.8cm

⑥ 半径1mの円
式　1×2×3.14
=6.28
答え　6.28m

P.71

17 正多角形と円周の長さ
円のまわりの長さ (3)　名前

① 下の円の，円周の長さを求めましょう。

① 運動場にひいた直径18mの円
式　18×3.14=56.52
答え　56.52m

② 半径1cmの1円玉

式　1×2×3.14=6.28
答え　6.28cm

② 円周が次の長さの，円の直径を求めましょう。
わりきれない場合は，答えは四捨五入して，$\frac{1}{10}$の位までのがい数で求めましょう。

① 円周の長さが15.7cmの円
式　15.7÷3.14=5
答え　5cm

② 円周が50cmの円
式　50÷3.14=15.92…
答え　約15.9cm

71

17 正多角形と円周の長さ
円のまわりの長さ (4)　名前

① 下の円の，円周の長さを求めましょう。

① 直径7cmの円
式　7×3.14
=21.98
答え　21.98cm

② 半径7cmの円
式　7×2×3.14
=43.96
答え　43.96cm

② 円周が次の長さの，直径と半径の長さを求めましょう。

① 円周が18.84cm
18.84÷3.14=6
6÷2=3
答え　直径 6cm
　　　半径 3cm

② 円周が34.54cm
34.54÷3.14=11
11÷2=5.5
答え　直径 11cm
　　　半径 5.5cm

③ 円周が47.1cm
47.1÷3.14=15
15÷2=7.5
答え　直径 15cm
　　　半径 7.5cm

④ 円周が50.24cm
50.24÷3.14=16
16÷2=8
答え　直径 16cm
　　　半径 8cm

P.72

17 正多角形と円周の長さ
円のまわりの長さ (5)

● まわりの長さを求めましょう。

①
式 $(4×2)×3.14÷2=12.56$
$12.56+8=20.56$
答え $20.56cm$

②
式 $(5×2)×3.14÷4=7.85$
$7.85+10=17.85$
答え $17.85cm$

③
式 $(5×2)×3.14÷2=15.7$
$5×3.14=15.7$
$15.7×2=31.4$
答え $31.4cm$

④
式 $20×3.14=62.8$
$20×2=40$
$62.8+40=102.8$
答え $102.8m$

17 正多角形と円周の長さ
円のまわりの長さ (6)

● 右の図のように，円の直径の長さが1cm，2cm，…と変わると，円周の長さはどのように変わりますか。

① 直径が1cm，2cmのときの円周の長さを求めましょう。
㋐ 直径が1cmのとき
式 $1×3.14=3.14$　答え $3.14cm$

㋑ 直径が2cmのとき
式 $2×3.14=6.28$　答え $6.28cm$

② 直径の長さを□cm，円周の長さを○cmとして，円周の長さを求める式を書きましょう。
（ $□×3.14=○$ ）

③ 直径が1cm，2cm，…と変わると，円周○cmはどう変化するか表にまとめましょう。

直径 □(cm)	1	2	3	4	5	6
円周 ○(cm)	3.14	6.28	9.42	12.56	15.7	18.84

④ 円周の長さは，直径の長さに比例しますか。○をつけましょう。
（ (比例する) ・ 比例しない ）

72

P.73

17 正多角形と円周の長さ
円のまわりの長さ (7)

● 右の図のように，円の直径の長さが1cm，2cm，…と変わると，円周の長さはどのように変わりますか。

① 直径が1cm，2cm，…と変わると，円周○cmはどう変化するか表にまとめましょう。

直径 □(cm)	1	2	3	4	5	6
円周 ○(cm)	3.14	6.28	9.42	12.56	15.7	18.84

② 直径の長さが2倍，3倍になると，円周の長さはどうなりますか。
（ 2倍，3倍になる。）

③ 円周の長さは，直径の長さに比例しますか。○をつけましょう。
（ (比例する) ・ 比例しない ）

④ 直径が12cmのときの円周の長さは，直径が次の長さのときの円周の長さの何倍ですか。
㋐ 直径が6cmのとき（ 2 ）倍
㋑ 直径が3cmのとき（ 4 ）倍
㋒ 直径が4cmのとき（ 3 ）倍

17 正多角形と円周の長さ
円のまわりの長さ (8)

● 世界一の観らん車がドバイにできます。右の図のようです。

① この観らん車のゴンドラが回転する部分の直径は何mですか。
式 $250-8$
$=242$
答え $242m$

② この観らん車が一周すると，ゴンドラに乗った人は，何m動いたことになりますか。
答えは，四捨五入して，整数で表しましょう。
式 $242×3.14=759.88$
答え 約760m

③ ゴンドラが分速20mで動くと，1周するのに何分かかりますか。
式 $760÷20=38$
答え 約38分

73

P.74

17 正多角形と円周の長さ
円のまわりの長さ (9)

● 右の図のように，地球の半径は約6000kmとして，下の問いに答えましょう。

① 地球1周は何kmですか。また，それは何mですか。
式 $6000×2×3.14$
$=37680$
答え 約37680km　約37680000m

② 右の図のように，地上から1m高いところで，地球1周の長さを測ります。地球1周は何mになりますか。
式 $6000km=6000000m$
$6000000×2+2=12000002$
$12000002×3.14=37680006.28$
答え 約37680006.28m

③ 地上から1m高いところで地球1周の長さを測ると，地上で測った長さよりどれだけ長くなりますか。
式 $37680006.28-37680000$
$=6.28$
答え 約6.28m

17 ふりかえり・たしかめ (1)
正多角形と円周の長さ

① 下の円を使って，正八角形と正五角形をかきましょう。
正八角形　　　正五角形
略　　　　　略

② 次の円の円周の長さを求めましょう。
①
式 $9×3.14=28.26$
答え $28.26cm$

②
式 $5.5×2×3.14$
$=34.54$
答え $34.54cm$

74

P.75

17 ふりかえり・たしかめ (2)
正多角形と円周の長さ

① 円周が次の長さの，円の半径を求めましょう。
① 円周6.28cm
式 $6.28÷3.14=2$
$2÷2=1$
答え $1cm$

② 円周43.96cm
式 $43.96÷3.14=14$
$14÷2=7$
答え $7cm$

② 下の図のまわりの長さを求めましょう。
①
式 $(15×2)×3.14÷2$
$=47.1$
$47.1+30=77.1$
答え $77.1cm$

②
式 $(20×2)×3.14÷2$
$=62.8$
$20×3.14=62.8$
$62.8×2=125.6$
答え $125.6cm$

17 ふりかえり・たしかめ (3)
正多角形と円周の長さ

● それぞれ右の図で，外側の円の円周の長さは，内側の円の円周の長さの何倍ですか。また，ちがいは何cmですか。

①
式 $(3×2)×3.14$
$=18.84$
$(6×2)×3.14$
$=37.68$
$37.68÷18.84=2$
$37.68-18.84=18.84$
答え 2倍，ちがいは 18.84 cm

②
式 $(2×2)×3.14$
$=12.56$
$(8×2)×3.14$
$=50.24$
$50.24÷12.56=4$
$50.24-12.56=37.68$
答え 4倍，ちがいは 37.68 cm

75

解答

児童に実施させる前に，必ず指導される方が問題を解いてください。本書の解答は，あくまでも1つの例です。指導される方の作られた解答をもとに，本書の解答例を参考に児童の多様な考えに寄り添って○つけをお願いします。

P.76

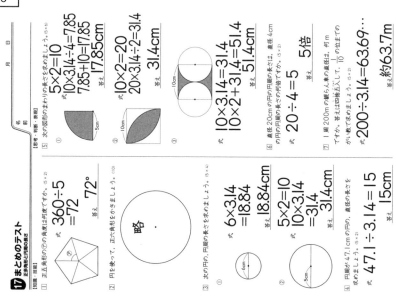

[思考・判断・表現]
⑤ 次の図形のまわりの長さを求めましょう。(5×6)

① 式　5×2＝10
10×3.14÷4＝7.85
7.85＋10＝17.85
答え　17.85cm

② 式　10×2＝20
20×3.14÷2＝31.4
答え　31.4cm

⑥ 直径20cmの円の円周の長さは，直径4cmの円の円周の長さの何倍ですか。(5×2)
式　20÷4＝5
答え　5倍

⑦ 1周200mの池のまわりを人が歩いて1周するとき，池は何m歩くことになりますか。答えは概数にして，$\frac{1}{10}$の位までのがい数で求めましょう。(5×2)
式　200÷3.14＝63.69…
答え　約63.7m

⑰ まとめのテスト
正多角形と円周の長さ

[知識・技能]
① 正五角形の⑦の角度は何度ですか。(5×2)
式　360÷5＝72
答え　72°

② 円を使って，正六角形をかきましょう。(10)
略

③ 次の円の，円周の長さを求めましょう。(5×4)
① 式　6×3.14＝18.84
答え　18.84cm

② 式　5×2＝10
10×3.14＝31.4
答え　31.4cm

④ 円周が47.1cmの円の，直径の長さを求めましょう。(5×2)
式　47.1÷3.14＝15
答え　15cm

P.77

18 角柱と円柱
角柱と円柱 (1)
名前
月　日

● 1組の平面が平行で，平面だけで囲まれた立体について答えましょう。

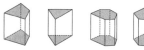

（四角柱）（三角柱）（六角柱）（五角柱）

① 上の（　）に，立体の名前を書きましょう。

② 色のついた1組の平行な面を何といいますか。
（　底面　）

③ 色のついていない面を何といいますか。
また，どんな形をしていますか。
（　側面　）　形の名前（長方形）

④ 色のついた面と，色のついていない面は，どのように交わっていますか。
（　垂直　）

18 角柱と円柱
角柱と円柱 (2)
名前
月　日

● 角柱についてまとめましょう。

⑦ ⑦〜④の立体の名前を書き，それぞれの形や数を書いて，表にまとめましょう。

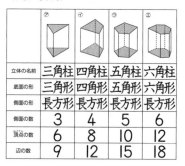

立体の名前	三角柱	四角柱	五角柱	六角柱
底面の形	三角形	四角形	五角形	六角形
側面の形	長方形	長方形	長方形	長方形
側面の数	3	4	5	6
頂点の数	6	8	10	12
辺の数	9	12	15	18

② 直方体や立方体は何という角柱ですか。
（　四角柱　）

P.78

18 角柱と円柱
角柱と円柱 (3)
名前
月　日

① 下の図の（　）に，円柱の部分の名前を書きましょう。

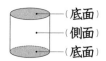

（底面）
（側面）
（底面）

② （　）にあてはまることばを書きましょう。

① 円柱の2つの底面は，合同な円形で，たがいに（平行）な関係になっています。

② 角柱の側面は，全て平面ですが，円柱の側面は（曲面）です。

③ 円柱の底面と側面は，（垂直）に交わっています。

④ 右の図の⑦，④のように，2つの底面に（垂直）な直線の長さを（高さ）といいます。

18 角柱と円柱
角柱と円柱 (4)
名前
月　日

● 角柱の見取図を左側の図と同じように，右にかきましょう。

① 三角柱
略

② 四角柱
略

P.79

18 角柱と円柱
角柱と円柱 (5)
名前
月　日

● 円柱の見取図を左側の図と同じように，右にかきましょう。

①
略

②
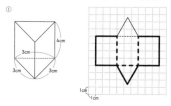
略

18 角柱と円柱
角柱と円柱の展開図 (1)
名前
月　日

● 三角柱の展開図の続きをかきましょう。（コンパスも使いましょう。）

①
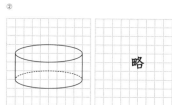

②
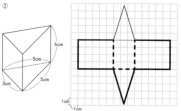

108

P.80

18 角柱と円柱 角柱と円柱の展開図 (2)　名前

● 右のような角柱があります。

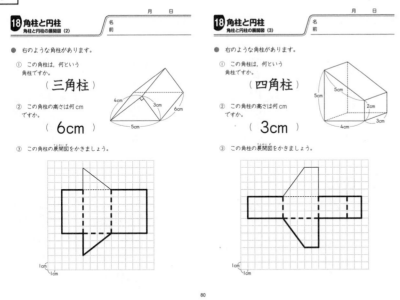

① この角柱は，何という角柱ですか。
（ 三角柱 ）

② この角柱の高さは何cmですか。
（ 6cm ）

③ この角柱の展開図をかきましょう。

---

18 角柱と円柱 角柱と円柱の展開図 (3)　名前

● 右のような角柱があります。

① この角柱は，何という角柱ですか。
（ 四角柱 ）

② この角柱の高さは何cmですか。
（ 3cm ）

③ この角柱の展開図をかきましょう。

P.81

18 角柱と円柱 角柱と円柱の展開図 (4)　名前

● 右の円柱の展開図を，問いに答えてかきましょう。

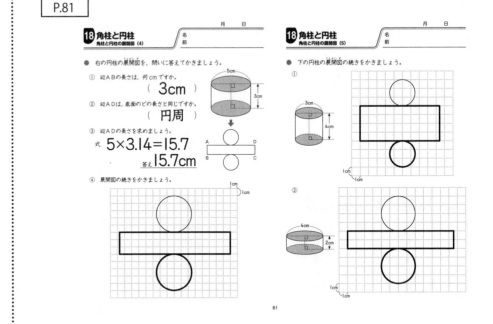

① 辺ABの長さは，何cmですか。
（ 3cm ）

② 辺ADは，底面のどの長さと同じですか。
（ 円周 ）

③ 辺ADの長さを求めましょう。
式 5×3.14＝15.7
答え 15.7cm

④ 展開図の続きをかきましょう。

---

18 角柱と円柱 角柱と円柱の展開図 (5)　名前

● 下の円柱の展開図の続きをかきましょう。

①

②

P.82

18 ふりかえり・たしかめ (1) 角柱と円柱　名前

① 右のような角柱があります。下の問いに答えましょう。

① この角柱は何という角柱ですか。
（ 六角柱 ）

② 面ABCDEFと平行な面に色をぬりましょう。

③ 底面に垂直な面の数を答えましょう。
（ 6 ）

④ 底面に垂直な辺の数を答えましょう。
（ 6 ）

② 右のような展開図を組み立てます。

① この角柱は何という角柱ですか。
（ 三角柱 ）

② この角柱の高さは何cmですか。
（ 8cm ）

③ 点Aに集まる点を全部書きましょう。（ 点J，点E ）

④ 次の辺に接する辺を書きましょう。
㋐ 辺AB（ 辺ED ）　㋑ 辺EF（ 辺JH ）

---

18 ふりかえり・たしかめ (2) 角柱と円柱　名前

① 下の円柱の展開図をかきます。

① 底面の円の半径は何cmですか。
（ 3.5cm ）

② 展開図の側面ABの長さは何cmですか。
（ 4cm ）

③ 展開図の側面ADの長さは何cmですか。
式 7×3.14＝21.98
答え 21.98cm

② 下の展開図を組み立ててできる立体の見取図をかきましょう。

P.83

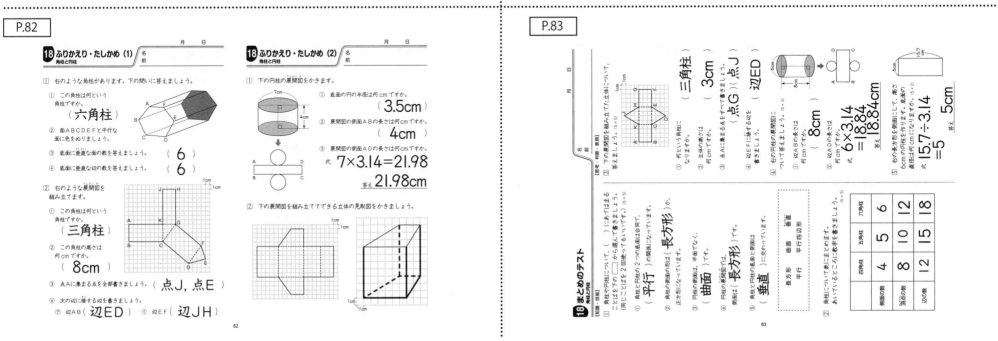

18 まとめのテスト 角柱と円柱　名前

【知識・技能】

① 角柱や円柱について，（ ）にあてはまることばを下の　　　から選んで書きましょう。（同じことばを2回使ってもいいです。）(5×5)

① 角柱と円柱の2つの底面は合同で（ 平行 ）で，側面に垂直に立っています。

② 角柱の側面の形は（ 長方形 ），正方形になっています。

③ 円柱の側面は，平面でなく，（ 曲面 ）です。

④ 円柱の展開図では，側面は（ 長方形 ）です。

⑤ 角柱と円柱の底面と側面は（ 垂直 ）に交わっています。

　　長方形　　平行　　平行四辺形
　　垂直　　曲面

② 角柱について表にまとめます。あいているところに数字を書きましょう。(5×5)

	四角柱	五角柱	六角柱
側面の数	4	5	6
頂点の数	8	10	12
辺の数	12	15	18

【思考・判断・表現】

③ 下の展開図を組み立てて立体（直方体）について，答えましょう。(5×5)

① 何という角柱になりますか。（ 三角柱 ）

② 立体の高さは何cmですか。（ 3cm ）

③ 点Aに集まる点をすべて書きましょう。（ 点G）（ 点J ）

④ 辺EFに接する辺を書きましょう。（ 辺ED ）

④ 右の円柱の展開図について答えましょう。(5×3)

① 辺ABの長さは何cmですか。（ 8cm ）

② 辺ADの長さは
式 6×3.14＝18.84
答え 18.84cm

⑤ 右の長方形を側面にして，高さ6cmの円柱を作ります。底面の直径は何cmになりますか。(5×2)
式 15.7÷3.14＝5
答え 5cm

P.84

5年のふくしゅう (1)

① □にあてはまる数を書きましょう。

① $2.74 = 1 \times \boxed{2} + 0.1 \times \boxed{7} + 0.01 \times \boxed{4}$

② 2.74を100倍した数は $\boxed{274}$ です。

③ 2.74を1000倍した数は $\boxed{2740}$ です。

④ 2.74を$\frac{1}{100}$にした数は $\boxed{0.0274}$ です。

② 次の数を偶数と奇数に分けて書きましょう。

0，4，5，11，16，26，37，50

偶数 $\boxed{0,4,16,26,50}$　奇数 $\boxed{5,11,37}$

③ 次の時間を（　）の中の単位で，分数で表しましょう。

① 15分（時） $\frac{1}{4}$ 時間　② 20秒（分） $\frac{1}{3}$ 分

③ 10分（時） $\frac{1}{6}$ 時間　④ 30秒（分） $\frac{1}{2}$ 分

5年のふくしゅう (2)

① （　）の中の数の公約数を，すべて書きましょう。また，最大公約数を書きましょう。

① (8, 12)　公約数 $\boxed{1,2,4}$　最大公約数 $\boxed{4}$

② (15, 21)　公約数 $\boxed{1,3}$　最大公約数 $\boxed{3}$

③ (18, 36)　公約数 $\boxed{1,2,3,6,9,18}$　最大公約数 $\boxed{18}$

④ (12, 18, 24)　公約数 $\boxed{1,2,3,6}$　最大公約数 $\boxed{6}$

② （　）の中の数の最小公倍数を求めましょう。

① (3, 5) $\boxed{15}$　② (4, 6) $\boxed{12}$

③ (6, 9) $\boxed{18}$　④ (10, 15) $\boxed{30}$

⑤ (2, 3, 5) $\boxed{30}$　⑥ (4, 6, 8) $\boxed{24}$

③ 次のわり算の商を，分数で表しましょう。

① $2 \div 3 = \frac{2}{3}$　② $8 \div 9 = \frac{8}{9}$

84

P.85

5年のふくしゅう (3)

① 次の小数や整数を，分数で表しましょう。

① 0.3 $\left(\frac{3}{10}\right)$　② 0.6 $\left(\frac{3}{5}\right)$

③ 1.6 $\left(\frac{8}{5}\left(1\frac{3}{5}\right)\right)$　④ 0.19 $\left(\frac{19}{100}\right)$

⑤ 4 $\left(\frac{4}{1}\right)$　⑥ 1.25 $\left(\frac{5}{4}\left(1\frac{1}{4}\right)\right)$

② 次の分数を，小数や整数で表しましょう。

① $\frac{3}{4}$ (0.75)　② $1\frac{1}{5}$ (1.2)

③ $1\frac{1}{8}$ (1.125)　④ $2\frac{7}{20}$ (2.35)

③ 百分率で表した割合を，小数で表しましょう。

① 5% (0.05)　② 90% (0.9)

③ 120% (1.2)　④ 0.2% (0.002)

5年のふくしゅう (4)

● 計算をしましょう。

① $\frac{2}{3} + \frac{4}{7}$ $\frac{26}{21}\left(1\frac{5}{21}\right)$　② $\frac{3}{4} + \frac{1}{12}$ $\frac{5}{6}$

③ $\frac{4}{15} + \frac{1}{6}$ $\frac{13}{30}$　④ $\frac{5}{6} + 1\frac{1}{15}$ $\frac{19}{10}\left(1\frac{9}{10}\right)$

⑤ $1\frac{1}{20} + \frac{1}{5}$ $\frac{5}{4}\left(1\frac{1}{4}\right)$　⑥ $2\frac{5}{6} + 1$ $\frac{71}{18}\left(3\frac{17}{18}\right)$

⑦ $\frac{2}{3} + \frac{5}{6} + \frac{1}{2}$ 2

⑧ $\frac{5}{6} - \frac{1}{2}$ $\frac{1}{3}$　⑨ $\frac{11}{12} - \frac{2}{3}$ $\frac{1}{4}$

⑩ $2\frac{8}{9} - 1\frac{1}{2}$ $\frac{25}{18}\left(1\frac{7}{18}\right)$　⑪ $3\frac{3}{4} - \frac{3}{20}$ $\frac{18}{5}\left(3\frac{3}{5}\right)$

⑫ $1\frac{5}{7} - 1\frac{1}{3}$ $\frac{8}{21}$　⑬ $2\frac{17}{18} - 1\frac{5}{6}$ $\frac{10}{9}\left(1\frac{1}{9}\right)$

⑭ $\frac{4}{5} - 0.3$ $\frac{1}{2}$ (0.5)

85

P.86

5年のふくしゅう (5)

● 計算をしましょう。わり算は，わりきれるまでしましょう。

① 1.4 × 0.2　0.28

② 8.6 × 3.5　30.10

③ 2.76 × 0.16　0.4416

④ 6.7 × 4.8　32.16

⑤ 4.92 × 7.5　36.900

⑥ 0.14 × 0.32　0.0448

⑦ 20.4 ÷ 3.4　6

⑧ 22.1 ÷ 2.6　8.5

⑨ 3.42 ÷ 7.6　0.45

⑩ 7 ÷ 2.5　2.8

⑪ 14 ÷ 0.8　17.5

⑫ 6.3 ÷ 8.4　0.75

5年のふくしゅう (6)

① テープが24.4mあります。1.5mずつに切ります。1.5mのテープは何本できて，何mあまりますか。

式 $24.4 \div 1.5 = 16$ あまり 0.4

答え 16本できて，0.4mあまる。

② 1mが180円のリボンがあります。このリボン3.5mの代金は何円ですか。

式 $180 \times 3.5 = 630$

答え 630円

③ 3.8Lで7.2kgのねん土があります。

① このねん土1Lの重さは，何kgですか。
（四捨五入して，上から2けたのがい数で表しましょう。）

式 $7.2 \div 3.8 = 1.89\cdots$

答え 約1.9kg

② このねん土1kgでは，何Lですか。
（四捨五入して，上から2けたのがい数で表しましょう。）

式 $3.8 \div 7.2 = 0.527\cdots$

答え 約0.53L

86

P.87

5年のふくしゅう (7)

● 下の図形の面積は何cm²ですか。

①

式 $6 \times 4 \div 2 = 12$

答え 12cm²

② ひし形

式 $7 \times 9 \div 2 = 31.5$

答え 31.5cm²

③ 平行四辺形

式 $2.5 \times 4 = 10$

答え 10cm²

④ 台形

式 $(3 + 6.2) \times 5 \div 2 = 23$

答え 23cm²

5年のふくしゅう (8)

● 下の形の体積は何cm³ですか。

①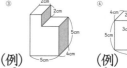

式 $5 \times 5 \times 5 = 125$

答え 125cm³

②

式 $8 \times 6 \times 4 = 192$

答え 192cm³

③

（例）
式 $4 \times 2 \times 2 = 16$
$4 \times 5 \times 5 = 100$
$16 + 100 = 116$

答え 116cm³

④

（例）
式 $4 \times 10 \times 5 = 200$
$2 \times 7 \times 3 = 42$
$200 - 42 = 158$

答え 158cm³

87

P.88

 5年のふくしゅう（9） 名前　月　日

① ⑦〜⑪の角度は何度ですか。

①
式　180−(45+30)=105
答え　105°

②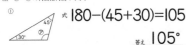
式　180−(40+75)=65
180−65=115
答え　115°

③
式　360−(100+80+50)=130
答え　130°

④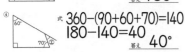
式　360−(90+60+70)=140
180−140=40
答え　40°

② 下の円の円周の長さを求めましょう。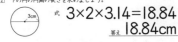
式　3×2×3.14=18.84
答え　18.84cm

88

5年のふくしゅう（10） 名前　月　日

① みかん5個からジュースをしぼると，下の量になりました。

| 66mL　77mL　74mL　78mL　80mL |

① みかん1個から，平均何mLのジュースがとれますか。
式　(66+77+74+78+80)÷5
=75
答え　75mL

② みかん18個では，何mLのジュースがとれると考えられますか。
式　75×18=1350
答え　1350mL

② 右の表は，A市とB市の面積と人口です。人口密度が高いのはどちらですか。

A市とB市の面積と人口
	面積(km²)	人口(人)
A市	22	46200
B市	25	52000

A市　46200÷22=2100
B市　52000÷25=2080
答え　A市

P.89

 **5年のふくしゅう（11）** 名前　月　日

① 自動車が時速40kmで走っています。この自動車が2時間30分で進む道のりは，何kmですか。
式　40×2.5=100
答え　100km

② 2800mを8分で走る自転車の分速は，何mですか。
式　2800÷8=350
答え　分速350m

③ 秒速20mで走る電車が1500m進むのにかかる時間は，何秒ですか。
式　1500÷20=75
答え　75秒

④ 音が伝わる速さは，およそ秒速340mです。いなずまが光って3秒後に，かみなりの音が聞こえました。音が聞こえた場所からかみなりまでのきょりは，約何mですか。
式　340×3=1020
答え　約1020m

89

 5年のふくしゅう（12） 名前　月　日

① 50人乗りのバスに60人乗っています。バスに乗っている人の割合は，何%ですか。
式　60÷50=1.2
1.2×100=120
答え　120%

② 40m²の畑にトマトのなえを植えました。これは，畑全体の20%にあたります。畑全体の面積は，何m²ですか。
式　20%=0.2
40÷0.2=200
答え　200m²

③ 750mL入りのオリーブオイルの60%を使いました。使ったオリーブオイルは何mLですか。
式　60%=0.6
750×0.6=450
答え　450mL

④ 1ふくろ250gのおかしが，10%増量して売られています。1ふくろ何gになっていますか。
式　10%=0.1
250×(1+0.1)
=275
答え　275g

教科書にそって 学べる

算数教科書プリント　5年 ②
東京書籍版

2023 年 3 月 1 日　　第 1 刷発行

イ ラ ス ト：　山口 亜耶 他
表紙イラスト：　鹿川 美佳
表紙デザイン：　エガオデザイン
執 筆 協 力 者：　新川 雄也
企 画・編 著：　原田 善造・あおい えむ・今井 はじめ・さくら りこ・中 あみ
　　　　　　　　中 えみ・中田 こういち・なむら じゅん・はせ みう
　　　　　　　　ほしの ひかり・堀越 じゅん・みやま りょう（他 4 名）
編 集 担 当：　川瀬 佳世

発　行　者：　岸本 なおこ
発　行　所：　喜楽研（わかる喜び学ぶ楽しさを創造する教育研究所：略称）
　　　　　　　　〒604-0827　京都府京都市中京区高倉通二条下ル瓦町 543-1
　　　　　　　　TEL　075-213-7701　FAX　075-213-7706
　　　　　　　　HP　https://www.kirakuken.co.jp
印　　　刷：　創栄図書印刷株式会社

ISBN:978-4-86277-382-1
Printed in Japan

喜楽研 WEB サイト
書籍の最新情報（正誤表含む）は
喜楽研 WEB サイトをご覧下さい。

学校現場では，本書ワークシートをコピー・印刷して児童に配布できます。
学習する児童の実態にあわせて，拡大してお使い下さい。